历史的丰碑丛书

新大陆的发现者
哥伦布

邹积林　编著

吉林人民出版社

图书在版编目(CIP)数据

新大陆的发现者——哥伦布 / 邹积林编著 . -- 长春：
吉林人民出版社，2011.4 （2025.4 重印）
（历史的丰碑丛书）
ISBN 978-7-206-07676-3

Ⅰ . ①新… Ⅱ . ①邹… Ⅲ . ①哥伦布，C.（1451 ~
1506）—生平事迹—青年读物②哥伦布，
C.（1451 ~ 1506）—生平事迹—少年读物 Ⅳ .
① K835.465.89-49

中国版本图书馆 CIP 数据核字 (2011) 第 037136 号

新大陆的发现者 哥伦布
XIN DALU DE FAXIANZHE GELUNBU

编　　著:邹积林
责任编辑:郝晨宇　　　　　　封面设计 :孙浩瀚
制　　作:吉林人民出版社图文设计印务中心
吉林人民出版社出版 发行(长春市人民大街7548号　邮政编码:130022)
印　　刷:北京一鑫印务有限责任公司
开　　本:787mm×1092mm　1/16
印　　张:8　　　　　　　　字　　数:72千字
标准书号:ISBN 978-7-206-07676-3
版　　次:2011年4月第1版　印　　次:2025年4月第3次印刷
定　　价:35.00 元

如发现印装质量问题,影响阅读,请与出版社联系调换。

编者的话

"欲知大道，必先为史"。

回溯人类的足迹，人们首先看到的总是那些在其各自背景和时点上标志着社会高度和进步里程的伟大人物。他们是历史的丰碑，是后世之鉴。

黑格尔说："无疑，一个时代的杰出个人是特性，一般说来，就反映了这个时代的总的精神。"普希金说："跟随伟大人物的思想是一门引人入胜的科学。"

以史为鉴，面向未来。作为 21 世纪的继往开来者，我们觉得，在知史基础上具有宽广的知识结构、开阔的胸襟和敏锐的洞察力应是首要的素质要求，而在历史的大背景中追寻丰碑人物的思想、风范和足迹，应是知史的捷径。

考虑到现代人时间的宝贵，我们期盼以尽量精短的篇幅容纳尽量丰富的信息，展现尽量宏大的历史画卷和历史规律。为此，我们编撰了这套丛书。

编撰丛书的过程，也是纵览历代风云、伴随伟人心路、吸收历史营养的过程。沉心于书页，我们随处感受着各历史时期伟大人物所体现的推动历史进步的人类征服力量。我们随着伟人命运及事业的坎坷与辉煌而悲喜，为他们思想的深邃精湛、行为的大气脱俗而会意感慨、拍案叫绝。

然而，在思想开始远游和精神获得享受的同时，我们也随之感受到历史脚步的沉重和历史过程的曲折。社会每前进一步都是艰难的，都伴随着巨大的痛苦和付出。历史的伟大在于它最终走向进步，最终在血污中诞生了鲜活的"婴孩"。

历史有继承性和局限性，不能凭空创造。伟人也有血肉，他们的思想、行为因此注定了同样具有历史的局限性和阶级的、时代的烙印；他们的功业建立于千千万万广大人民群众伟大创造的基础上。历史是人民群众创造的，伟大的人物们是历史和时代造就的。同时，我们也无法否定此间他们个人的努力。这也正是我们编撰这套丛书的目的。

我们期盼着这套丛书得到社会的认同，对读者，特别是青少年读者之历史感、成就感和使命感的培养有所裨益。史海浩瀚，群星璀璨。我们以对广大青少年读者负责的精神，精心遴选，以助力青少年成长进步，集结出版了《历史的丰碑》系列丛书，敬请读者批评、指正。

历史的丰碑丛书

探险家哥伦布是一个有争议的人物，这不仅因为他身世和成长背景的复杂性，他性格和志向的独特性，更因为他所开创的事业给人类发展带来的双重性。

　　东西两半球的会合是人类历史上划时代的大事件，它的价值随着时代的进步越发光彩夺目。这次本源于经济和政治目的的大发现，其结果具有了更明显的文化内涵。它是人类历史上为数不多的极大地改变了世界发展进程的事件之一。在思想领域，它的革命性和建设性更为深远。但是，中世纪末期以来持续了几个世纪的奴隶制度在新大陆的蔓延也始于这一时刻。

　　打开大西洋锁链的哥伦布最终却被套上锁链，为人类开辟巨大财富之源的哥伦布在晚年却贫病交迫。个人命运的戏剧性变化，反映了那一时代纷繁复杂的社会现实，在本质上也折射出人类自身的智慧和缺憾。

目　录

目　录

生为召唤而来

独对自我才能走近永恒。

——作者题记

人类历史总有一些激动人心的辉煌篇章，这些篇章大多是由杰出的人物所谱写。仿佛他们生就为召唤而来，他们肩负着常人浑然不觉的使命，忍受着俗人给予的种种鄙视和刁难，历尽曲折和不幸，坚韧地前行，不屈地抗争，直到使命的最终完成，直至唤醒一代代的后人。

在他们远去的时候，人类艰难地前行了一步。

在人类文明史上，有一个重要的转折点：公元1492年10月12日。这一天的凌晨，欧洲人的3条帆船驶抵中美洲

→哥伦布像

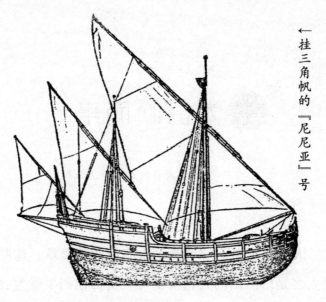

←挂三角帆的『尼尼亚』号

巴哈马群岛中的瓜纳哈尼岛。

当500多年前的这一时刻到来的时候，人们除了惊喜和兴奋之外，似乎还很难认识到这一壮举的历史意义和不菲价值。500年后，当五大洲的人们踏上信息高速公路，视地球为一渺小的村庄的时候，回首人类数千年走过的发现和沟通之路，不得不惊叹起这一时刻的伟大和辉煌。

从某种意义上说，这次行动的价值是与人类登上月球等量齐观的，甚至比登上月球更具现实意义。因为美洲是被发现的，而它的发现更完美地体现了人类的意志力和超乎寻常的勇气。这一品质较技术而言绝非同日可语。

美洲的发现是一次史无前例的事件。它使地球在人的角度成为一个真正的地球，因为自此以后，人类各民族，各地区孤立进化的历史宣告结束，文化融合和相互促进的历史终于开始。自那时起，人类这才可以走向同一个家庭。

在文艺复兴时代，美洲的发现和日心说的创立这两项伟大的科学成果的意义，远远超乎人类那一时期在文学和艺术上的成就。它对于人类认知体系和价值观点的撞击是致命的，毫无余地的。

就更宽泛的意义而言，美洲的发现标志着一个时代的终结，人类文明史由此加速发展了。

推动历史前进步伐的，正是这3条帆

→哥伦布纪念碑

船的统帅——意大利人克里斯托弗·哥伦布。那一年他41岁。

1451年秋天，哥伦布出生在意大利北部海滨城市热那亚奥利维拉街的一个犹太人家庭。他的父亲多米尼各·哥伦布是一个呢绒商人，年轻时曾做过热那亚城门的守卫。这是一个受人信赖但没有什么社会地位的差事。事实上，中世纪末期大多数商人与多米尼各有着类似的尴尬处境，这一处境与世袭贵族形成鲜明对照。这或许正是促使文艺复兴运动持续发展的根本原因。

作为长子，哥伦布在很小的时候就或多或少地感受到这种尴尬。他无法忍受平庸和默默无闻。这种成人才有的心理特征在许多杰出人物年幼时多有体现。哥伦布就是这样，面对现状他的心理有一种强烈的饥饿感，并由此产生了内在的抱负和志向。这种饥饿感没有使他采取逆来顺受的态度，而是把他带向了广阔的大海，带向了他时时听到的拍击着热那亚的海滩和岩石的蓝色海洋。从10岁起，他便开始在父亲的纺织厂里开小差，经常到港口的渔船上去玩耍。

值得一提的是，哥伦布童年时期很不合群，他几乎不认识左邻右舍成群结队打打闹闹的孩子。这种过分早熟的性格特征大多为意志坚定者所拥有，这使他

在成人后可以毫不费力地拥有正确的判断力、强烈的
个人意识和领导才能。同时，他也厌倦父亲的工场。
他很难将自己埋头在烦琐和重复的劳作之中。

　　哥伦布没有上过学，这给他以后在葡萄牙国王和
西班牙国王面前游说西行带来了无尽的麻烦。围绕在
国王身边的学者们甚至不屑于听他的解释，并将他的

→哥白尼雕像

←哥伦布故居

构想视为痴人说梦。没有人相信一个没接受过正规教育的人能提出一个有说服力的理论，而更相信他不是愚人就是个十足的骗子。

但是，那些有学问的人错了。他们忘记了还有另一所学校，也忘记了哥伦布的经历和由此所积累的经验。他们更没有想到意志、信心和超常的想象力在从

事一项伟大的事业时，甚至比知识更重要这一简单道
理。

　　克里斯托瓦尔·哥伦布的真正学校是大海，他的
老师是那些懂得海洋、以海为生的航海家、渔民和水
手。哥伦布穷其一生与大海打交道，他的学识、能力
和勇气不是哪一个经院学派的学究所能匹敌的。

　　哥伦布从10岁开始出海，经过4到5年的见习期
后，在14岁时终于从事了地道的海员职业。

　　借助风力的长时间的海上生活，在港口之间来来

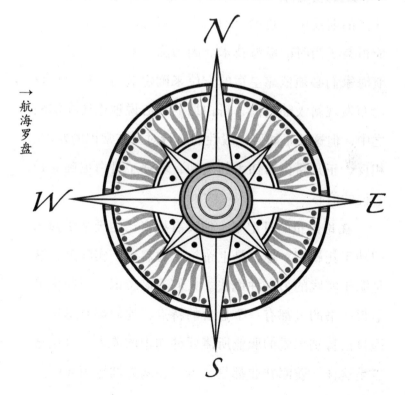

→ 航海罗盘

←意大利热那亚海湾

往往的航途中，哥伦布的天文学观念已逐步形成。这应得益于当时的航海技术。因为除了罗盘之外，当时航海家们必须依靠星宿的方位来确定航向。尽管在哥伦布发现新大陆之前，哥白尼的日心说理论还在酝酿之中，但这并不妨碍一般性的航行对天文常识的要求。相反，正是哥伦布伟大的发现，增强了哥白尼确立日心说的信心。

在哥伦布的日记中，他没有把自己的天文学知识归功于托勒密，他说是上帝给了他启示。实际上，这是源于实践的另一种说法。人们不该忘记，那些生平值得一书的人都有一个显著的特点，他们都有迅速掌握自己特别偏爱的职业所需要的知识的能力。哥伦布也是这样。航海并非都是辛苦，在南方灿烂阳光的照

→ 航海的船只

射下，航海者在享受蓝天绿水的同时，有更多的时间可以支配。船上并不缺少历书和占星书，这是远航必备的"工具"。没书的时间，这位对知识如饥似渴的年轻人就去向同行请教，他的拉丁文也是这样学成的。

并不是每位苦力都以出卖苦力为职业的全部。哥伦布能在21岁时便有指挥一条船的航海经验，仅靠力气是换不来的，兴趣、智慧和勤奋帮助了他。

对于那些坐在学校的硬板凳上吃尽了拉丁语变格和变位苦头的人们来说，这种推论是难以接受的。但是事实就是如此：哥伦布正是在地中海晴朗的夜空下，在自己雄心勃勃的心灵中揣摩出令人费解的星辰奥秘。他正是在几乎被认为是文盲的脑袋里提出那些天文学问题的。他能在阴云密布的情况下知道如何把握航向，知道如何测量航距，而这些秘密的钥匙都在用拉丁文写成的书籍里。

这种孜孜不倦的劲头是自觉的，它萌生于坚定不移的信念，发自个体生命的内部。这种信念不是强加的，因而它持久、坚韧。

外在的压力只能在施压时产生效力，并具有明显的反抗和应付情绪，其结果只能导致厌倦和颓唐。

在十余年的漂泊生涯中，哥伦布熟谙了葡萄牙语、西班牙语、拉丁语，当然还有他的母语——意大利语。这为他认识世界、走向未知开了一扇光明之门。

就一定意义而言，人是环境的产物，但这并不能完全解释诸如人的创造性和社会的变革等一系列问题。事实是，在大多数人营造出的环境中，总有一两只不安分的"羊"将头颅伸向天空。在人类历史上，这一现象体现在社会生活的各个屋面。而哥伦布，正是将人类的视野无限拓展的一位杰出的先行"羊"。

15世纪中叶的热那亚，由于其贸易的繁荣，航海业的发达和由此带来的民族的融合，信息的传播，在客观上已造成对社会生活的强刺激。表面上纷乱不堪，各种观念推陈出新的社会状况，也正是孕育突破的良

田沃土。不容置疑，哥伦布生逢其时。他的大发现涵盖了此前无数航海家的小发现，他的航线叠加了漫漫长长、曲曲折折的更多的航路。只不过，他有勇气走得更远。

　　感知一种召唤，并为这种召唤付出毕生心血，这是哥伦布的超常所在。

　　在幼年对遥望星空的无数次的憧憬中，在地中海面无数帆影勾画出的美丽的轮廓线的诱惑下，哥伦布以自己敏感、坚定的心感知到了遥远的召唤。他迷恋这一几乎是不可把握的梦幻，等待着，努力着，并最终实现。

→航海家的童年　密莱斯　油画

大航海时代

　　大航海时代，又被称作地理大发现，指在15世纪—17世纪世界各地，尤其是欧洲发起的广泛跨洋活动与地理学上的重大突破。这些远洋活动促进了地球上各大洲之间的沟通，并随之形成了众多新的贸易路线。伴随着新航路的开辟，东西方之间的文化、贸易交流大量增加，殖民主义与自由贸易主义开始抬头。欧洲则在这个时期快速发展并奠定了繁荣的基础。人们不仅在这个时代中发现了新的大陆，增长了大量的地理知识，也极大促进了欧洲的海外贸易，并成为欧洲资本主义兴起的重要环节之一。而新航路对世界各大洲在数百年后的发展也产生了久远的影响，对除欧洲以外的国家和民族而言，地理大发现带来的影响也是复杂而矛盾的。

哥伦布日

　　哥伦布日是美国于1792年首先发起纪念的。当时正是哥伦布到达美洲300周年纪念日，纽约市坦慕尼协会举办了纪念活动。1893年，芝加哥举办哥伦布展览会，再次举办了盛大的纪念活动。从此，每年的这一天，美国大多数州都要举行庆祝游行，教堂礼拜和学校活动以纪念这个具有历史意义的日子。

如果哥伦布不是出生在意大利，美国就不会有哥伦布纪念日了。出于对同胞的骄傲，纽约市的意大利后裔于1866年10月12日组织了第一个庆祝发现美洲的活动。第二年，其他城市的意大利人也加入行列，在那天举办餐会、游行和舞会。1869年10月12日，居住在旧金山的意大利人举行纪念活动时，把这天叫作"哥伦布纪念日"。

1905年，科罗拉多州成为第一个庆祝哥伦布纪念日的州。其后数十年，其他州也陆续开始庆祝这个节日。1937年，当时的总统法兰克林·罗斯福宣布10月12日为哥伦布纪念日。自1971年开始，此纪念日被正式定于10月的第二个星期一。

巴哈马群岛

巴哈马群岛是西印度群岛的三个群岛之一，这个群岛由700多个海岛和2400多个岛礁组成，总面积13,939平方公里，现有人口近30万，85%是黑人，其他是少数白人、印度人和印第安人，以及混血种人，还有少数华裔，通用英语，首府拿骚。

　　巴哈马群岛上的原始居民是阿拉瓦克族印第安人。1492年10月12日，哥伦布第一次航行到达这个群岛的华特林（圣萨尔瓦多）岛上，发现这个岛上的人都是棕色的皮肤，全身赤条条的，不穿衣服，但个个长得非常健美，也非常善良友好。哥伦布和水手们的到达，受到了这些印第安人的欢迎，还互换了礼物，很快建立起友谊。哥伦布在他的日记里，把这地方描绘成是"人间的伊甸园"。后来的西班牙人到达这个群岛时，发现这里许多岛屿地势平坦，一个个像是海洋中的浅滩。因此，就把这个群岛称作"巴哈马"群岛。原来巴哈马群岛都是珊瑚礁形成的岛屿，都是平坦的小岛。

← 美丽的巴哈马群岛

葡萄牙岁月

（第一个8年）

幻想和识别是预见未来的基石。

——阿德勒

　　1476年8月13日，当克里斯托瓦尔·哥伦布刚满25岁的时候，经历了一场九死一生的搏斗。他所在的船队在行经葡萄牙附近海域时，忽遭葡萄牙人和法国人联合舰队的袭击，船毁人亡。危急之中，哥伦布纵身跳入大海中，仅靠一块木板维持漂至葡萄牙海岸，幸免于难。

　　对于哥伦布来说，这一天是他的第二个生日。这一天他或许是首次听到那种使他在未来的危急关头想到自己的义务，恢复自己信心或在绝望中唤起他希望的声音。当他最终触摸到海滩上的石头时，他的心灵重新振奋起来。他跪在地上仰望着广阔的蓝天，高悬着太阳的蓝天，发誓不愧对这第二次生命。

　　哥伦布的第二次生命始于葡萄牙，这或许就是一种命运、一种机遇。因为他大发现的决心是在这里形成的，更重要的是，对于一个向往海外冒险的人来说，没有比当时的葡萄牙更好的地方了。只要打开地图，把当时还不"存在"的美洲大陆去掉，葡萄牙就是地球的末端，就是未知世界的窗口。事实上，它更是通往未知海域的前沿阵地。

当葡萄牙的诗人、画家和航海家欣赏傍晚落日的景象时，他们想象的视线并不像希腊人那样可见到意大利，也不像意大利人那样可见到西班牙。他们的太阳落入深不可测、渺无边际的大海，他们想象的视线只能在灵魂的深处凝聚，并逐步化为行动的动力。

经由君士坦丁堡走向东方的陆路已被强大的奥斯曼帝国封锁，由此产生了沿非洲大陆打开海上新通道

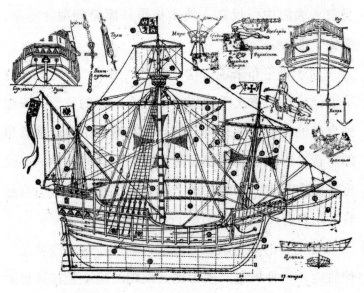

15世纪盛行的卡瑞克帆船

→君士坦丁堡

的强烈愿望。实际上不仅如此，早在1453年君士坦丁堡陷落之前，葡萄牙人在1419年就向未知世界进发并发现了马德拉；1434年，赫尔·亚内斯绕过了可怕的博哈多尔角；阿索隆·冈萨维斯·巴尔达亚甚至到达了北回归线。今天人们知道到达北回归线并不是什么特别的事，但在当时，人们普遍认为这条热带界线以南的地区是沸腾翻滚的海水，是不可能居住人类的。巴尔达亚的勇气鼓舞了葡萄牙航海家们。1445年，离君士气坦丁堡陷落还有8年，在无任何商品贸易的前提下，丹尼斯·迪亚斯就取道塞内加尔，直到佛得角，这在当时是一非凡的壮举。

　　这些航海活动的精神动力是唐·恩里克王子——葡王唐·胡安一世和王后费利佩·阿伦卡斯特雷的三儿子。他的母亲在临终前告诉他："我把人民托付给你的一个哥哥，把贵妇人和侍女托付给了你的另一个哥哥，现在，我想把所有领主、骑士、绅士和侍卫都交给你，我希望你成为骑士。"

　　唐·恩里克确实成了骑士，并于1438年创立了他的海上骑兵。这位沉默寡言的王子，好像是一条流淌深远而又阴森的河流，默默地按照自己不卑不亢、精力充沛的特性寻找一块地方来建立他著名的航海中心。这个地方就是萨格雷斯石山，它位于圣维森特角附近，像船头一样坚定地深入到海洋之中。

　　38年之后，就是在这个地方，克里斯托瓦尔·哥

← 萨格雷斯石山

伦布几乎是奇迹般地上了岸。

　　这时，里斯本已经非常繁荣，并且随着北欧那些港口的兴起继续发展。这是因为，对于那些来往于地中海到英格兰、佛兰德（法国西北部、北利时西部）和汉萨同盟（德国）各港口的船只来说，葡萄牙首都是一个很好的中间站。同时，里斯本还是一个文化城市，仅书店就有50余所。特别是，在1476年，里斯本已成为哥伦布最想学的知识——宇宙志学和天文学的智慧中心。而且葡萄牙人已是一个昌盛的海上探险民族，王室接二连三地签发特许证，让人们去寻找和占领航途中任何一个僻静的岛屿和海角。在哥伦布到达葡萄牙时，发放征服和探险特许证已是一件司空见惯的事情。

→里斯本一角（素描）

如果以一个具体的形象来表现当时葡萄牙社会的意识形态，那就是：在一个具体可见的核心周围，有古典的或圣经的权威理论作外圈，再向外是一层大众化的信仰的光环，最后是一没有限制的想象

←唐·恩里克王子墓

的气团，这一气团的神秘和诱惑，给里斯本带来了不一样的繁忙和激动。似乎每一次太阳升起，都将有一个惊人的发现；每一次日落，都将演绎出比马可·波罗游记更精彩的一幅东方神话。街头巷尾充满了计划、争论和希望，里维拉·诺瓦造船厂的斧头和锯子不断地造出各类巨大的木质帆船，航海家和商人像蜂群一样，在书店、航海中心和皇家官员的宅邸间穿梭，失望和得意此消彼长。

在里斯本的日子里，哥伦布与先他而来的弟弟——巴托洛梅住在一起。巴托洛梅在一间书店工作，他的职业是绘制各类地图。这个书店也兼售等高仪、

↑制图学之父托勒密像

罗盘和沙钟一类的航海用具。实际上，里斯本的书店已成为航海家们的沙龙，而哥伦布很快就成为其中的活跃分子。

值得一提的是，宇宙志学、天文学和绘制海图的技术，当时即便不是犹太人的唯一职业，至少也是他们的主要职业。思想解放、拥有语言的天资、不断地旅行以及由于商业活动遍及世界各地而对远方事物知之较多。所有这些条件，使犹太人在发展地球与天体知识方面走在了前头。在里斯本，由于唐·恩里克王子在萨格雷斯山集中了大批希伯来人的宇宙志大师和科学人才，犹太人的文化和社会地位是比较高的。

哥伦布秉承着犹太人的天赋，与弟弟一道，把大部分时间花在研究和绘制地图上。这一时期，哥伦布阅读了他当时能找到的所有宇宙志及海外见闻方面的书籍。从他在这些书籍上所做的旁批中，可以看到他涉猎的广泛和研究的精深。他还经常与那些宇宙志学者和冒险的船长、领航员们打交道，并以他们的经验和发现不断地修正地图上可能出现的错误。

　　也就是在这一时期，他的向西航行可以更便捷地到达"印度"（指亚洲）的观念逐步形成。

　　当时的葡萄牙是已知世界里走得最远的一个国家，但正因为如此，才有了许多困扰他们的问题：整个地球都有人居住吗？地球上哪部分是水？哪部分是陆地？欧洲的西海岸离亚洲的东海岸有多远？赤道的长度是多少？在所有问题中，有一个最突出的问题：是向东航行还是向西航行，才能最近地到达东方？

　　更多的葡萄牙航海家忠实于唐·恩里克王子的传

←里斯本港口的贝伦塔

统，坚决地沿着非洲海岸航行，以期绕过岬角，到达那个幻想之国和香料产地——印度。但是，既然地球是圆的，向西为什么不能到达印度？

早在哥伦布之前，就有人不止一次提出这个问题，其中较为系统的是佛罗伦萨的保罗·德尔·波索·托斯卡内利。1474年6月25日，他在葡萄牙的一位牧师的请求下，写了一封回信，肯定了向西航行的可能性，这封信被收藏在葡萄牙皇家档案馆，哥伦布通过间接渠道，秘密地了解信的内容。

托斯卡内利是优秀的物理学家和数学，只是在晚年才开始从事宇宙志学的研究。其动因是迫于个人的经济困难，受他的家族所从事的香料买卖吸引，并无任何科学的动机，因而他的理论正确与谬误杂陈。

→恩里克亲王

他首先肯定了当时已被人们普遍接受但并没有得到确证的地球是圆的这一结论，并接着推算到，若以里斯本为中心，那么沿陆路向东到达亚洲是230个经

← 哥伦布出征地的修道院

度，相反，向西航行到达亚洲便只有130个经度，所以，西行比东行便捷，在里斯本的纬度上，每一经度的距离是62.5海里，据此，大西洋两岸间的总长度不过8125海里，因此，西行到达亚洲并不遥远。

在这里，托斯卡内利关于东西经度的比例及每经度间的距离存在着明显的错误。这两组数字最早由古典地理学家马里诺·蒂罗提出，托勒密对此已作了修正，尽管还不完全正确。但是托斯卡内利却无视这一修正，他甚至把马里诺认为的欧亚陆路距离为220个经度增加到230个经度。

托斯卡内利的信即使在当时也能被分辨出它存在的谬误，因此在葡王周围没有产生明显的影响。当然，这里还有另外一个问题：就当时的航海传统和技术而言，还难以有勇气远离海岸的标志作远洋航行。

大约在1480年前后，哥伦布已阅读了托斯卡内利

的信，他根据自己的经验、阅读和幻想所逐步形成的思想，竟与托斯卡内利的观点大体相同。

从哥伦布阅读过的书籍的旁批中，经常可以看到"从西方之末到印度之末，沿陆路的距离超过地球的半圈""地球上住人的面积要比大多数哲学家估计的面积大得多，地球是六分陆地一分海洋""我们有理由认为，葡萄牙和印度之间的海面只有很窄的距离，如果顺风，不出几日肯定能横渡这片海洋"等论点。

他认为，赤道线上每经度的距离是 562/3 海里，这一错误使他比托斯卡内利走得更远。事实上，哥伦布把赤道周长缩短了 1/4。

哥伦布还认为，从葡萄牙到印度群岛的陆路距离是 282°，由此推算，走西路到亚洲，若从加那利群岛算起，总距离不过 3900 海里。

这一系列错误，使他把亚洲几乎正好确定在美洲大西洋海岸，这是历史上最大的巧合之一。因此，当哥伦布登上美洲大陆时，他坚信自己到达了亚洲。

哥伦布的错误实际上是古典地理学错误的延续。在主观上，也是他过于自信的心理错觉。但不管怎么说，这一错误却增强了他向西航行的信心。

此时，哥伦布已是一个跃跃欲试大发现的人物。这不仅因为他有一套与当时流行的航海理论迥异的观点，更在于他超乎寻常的航海实践。在葡萄牙的8年中，他并没有完全埋头于图纸和书籍，一有机会，他就会投身到值得一试的航行中。在看到托斯卡内利的信之前的1477年2月，哥伦布就曾随一条商船取道英伦三岛到过图勒岛（冰岛），甚至到了这个大陆之末岛屿以远100多西班牙里的地方。这是哥伦布的一次试航行，他因此有机会了解大西洋北部海域的海况和风土人情。路途上的所见所闻，也进一步增强了他西行的信心。

在理论和实践上获得充分的依据之行，哥伦布现在要争取的就是实现这一计划的条件了。

很难说哥伦布的婚姻对他的西行产生了多大的帮助，但哥伦布确实为此做出过努力。据史料记载，在里斯本的头几年，哥伦布常去一个以"圣人"为名的

↙14世纪绘制的马可波罗游记描画

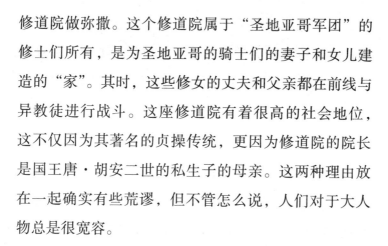

修道院做弥撒。这个修道院属于"圣地亚哥军团"的修士们所有,是为圣地亚哥的骑士们的妻子和女儿建造的"家"。其时,这些修女的丈夫和父亲都在前线与异教徒进行战斗。这座修道院有着很高的社会地位,这不仅因为其著名的贞操传统,更因为修道院的院长是国王唐·胡安二世的私生子的母亲。这两种理由放在一起确实有些荒谬,但不管怎么说,人们对于大人物总是很宽容。

因此,这座贵妇人苗圃般的修道院,便成了这位在幻想的海洋中游弋的雄心勃勃的海员追求的目标。当时,哥伦布28岁,他不仅具有使人陷入幻想的丰富的海上经验,而且精通多种语言,健谈、聪慧,熟悉宇宙志学。当具有这么多优点的年轻海员带着一身港口气息不断地出现在修道院的封闭的气氛中时,肯定会有渴求自由和生活的眼神投向他。

就这样,克里斯托瓦尔·哥伦布与费利帕·莫尼斯·佩雷斯特雷利结婚了。哥伦布能与费利帕结合,也许并不全是她的眼神的诱惑。费利帕出身于父母双方都是贵族的家庭。这个家庭不仅与宫廷、主教大人有着密切的往来,而且费利帕的已经去世的父亲也曾是一位著名的航海家,并且获得了他所发现的圣港岛的世袭长官继承权。

　　这桩婚姻不仅表明当时哥伦布在葡萄牙已有较高的社会地位和较大的影响，而且也拉近了他与皇室的距离，使他有机会获得多的航海文献、地图和工具。

　　这时哥伦布已读过托斯卡内利的信，并且对未来的打算早已成竹在胸。他无法继续在里斯本观赏塔霍河的帆起帆落，他看中了圣港岛，因为圣港岛处在欧洲通往未知海洋的前沿阵地上。在这个岛屿以及领岛——马德拉岛上，人来船往的激烈竞争此起彼伏，并经常能听到新发现的消息。

　　1479年哥伦布在里斯本同费利帕完婚后不久，他就把妻子抛在一边，只身来到圣港岛，其时他的妻弟

1596年葡萄牙盖伦船形制

正拥有着圣港岛的世袭长官职位。

在圣港岛期间，他经常出海，不断观察和记录马德拉群岛以西的风向、海流和其他海况。从过往的海员口里，他获得了更多的有关西部陆地的种种证据。他的神圣使命感与日俱增，他越来越相信自己是义不容辞的人物。他把所有相关的事情都看作是主的启示和告诫，都是自己孜孜不倦地从主那里争取到的事实和事业，他已经无法等待下去了。

早在唐·胡安国王还未继位的1478年，哥伦布就曾和他谈起大发现的构想。那时未来的国王已开始负责与海洋探险有关的事务，而哥伦布刚从图勒岛返回来，他坚信该岛是"陆地上最后一个岛屿"。他通过朋友为他疏通宫廷关系，并把他的信心陈述给他命运的主宰。

接下来是漫长的等待，宫廷对他的计划保持遗忘般的沉默。在这段时间里，哥伦布不停地在图书馆和宫廷之间奔波，不停地来往于里斯本港和圣港，甚至于前往几内亚的拉米纳用自己的方法测量每经度的距离。偶尔，在忍无可忍的情况下，他也会跑到宫廷讲述他傍晚看到的岛屿和在西风带上漂浮的松木棍，以及他对子午线长度的新观念，甚或《圣经》预言的某种启示。他内心的热情比阳光更加炽热，这比他从书本上和旅途中得到的任何真实的或想象的东西更有力量。

1481年，唐·胡安继位后，哥伦布向他递交了正式的向西航行的计划。这个计划汇聚了他几近20年的心血和全部热情，当然也有让其他航海家，包括国王目瞪口呆的条件：

第一，他要求人们尊重他，使他成为佩戴金马刺的骑士；第二，他提出要称他为唐·克里斯瓦尔·哥伦布，他的继承人姓名前也要冠上"唐"这个尊称；第三，授予他海洋大将军的头衔，并拥有相应的特权、权利、年金和豁免权；第四，还要求任命为他亲自发

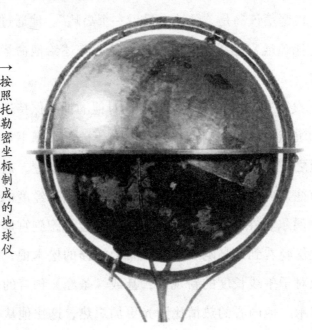

→ 按照托勒密坐标制成的地球仪

现的以及按照他的方法发现的所有岛屿和大陆的终身副王和总督。

至此，哥伦布确立了他的地位和身份。之后，他提出了相应的物质条件：在他的领地内，他拥有1/10的财产权，同时，他将有权承担远征费用的1/8，由此得到的利益，他也有1/8的分配权。

在哥伦布之前，还没有任何人向葡王提出过如此离奇的要求。在利益面前，哥伦布的确很坚定，甚至有些过分。但是，哥伦布的用心不在商品和钱上，而是这两样东西给他带来的权力和荣誉上。他知道，商品和钱只不过是用以满足人的情感的工具而已。

从另一个角度讲，要价多高，可以表明哥伦布把他的发现视为多高。我们也有理由猜测，在他燃烧起炽热的想象火焰时，他的灵魂还受到另一种更悲壮、更痛苦的火焰的折磨：当他力图使他的计划付诸实现时，卡斯蒂利亚（西班牙1479年统一前版图内的强国）却把他的本族兄弟——皈依天主教的犹太人从他们的住宅中赶出去，凌辱他们，用火烧死他们。这种对犹太人的肆无忌惮的迫害，极大地刺伤了哥伦布的尊严，他应该战胜这种耻辱。他的同胞遭受的苦难越深，他应该爬得越高，没有什么比这场悲剧更大的原因可以解释哥伦布高傲的劲头了。但这种高傲劲头成了他在葡王面前失败的原因。

显然，胡安二世对这个计划不会有多少好感，他将此事移交给身边的3位要人。其结果可想而知，哥伦布不仅无法取得他们的信任，甚至遭到连续的冷眼和嘲笑。

哥伦布明确地感到，与国王唐·胡安再浪费时间已毫无意义，他的葡萄牙岁月结束了。他决定离开这块给予他明确梦想但又无法实现这一梦想的国度。他要到卡斯蒂利亚去。当时，卡斯蒂利亚是最重要的海上强国，它具有较好的宇宙志传统。这个国家同时也是他的同胞遭受凌辱和杀害的地方，因此，作为叛依者，在这个国家里，他一定要一步一步争来他的金马刺。

同时，他派他的弟子北上，到英国和法国寻找机会。

1484年，哥伦布撇下妻子，怀揣着信和地图，带着时年5岁的爱子迭戈作为唯一旅伴，偷偷地离开了葡萄牙。

葡萄牙发行的航海纪念币

航海纪念碑

在里斯本著名的帝国广场上，有一座乳白色的大理石纪念碑，纪念碑正面的碑文写着：献给恩里克和发现海上之路的英雄。这个纪念碑是1960年葡萄牙航海大发现奠基人恩里克王子逝世500周年时所建的，因此又称"恩里克王子纪念碑"，也称"航海纪念碑"。

恩里克以航海王子闻名于世。恩里克为了航海事业。他远离豪华舒适的宫廷，放弃了婚姻和家庭生活，选择葡萄牙西南角荒凉的萨格雷斯定居下来，经过多年的研究、训练和准备后，恩里克于1418年派出船队首次出航，并在当年发现了马德群岛的桑托斯港岛，继而于次年发现了马德拉岛。其后，他派出的船队又相继发现了亚速尔群岛各岛屿。从那个世纪30年代起，恩里克向当时人类的航海极限发起挑战。他精心挑选了葡萄牙第一流的探险家和英勇无畏的水手。这些忠心耿耿为他的航海事业效劳的船长和船员，遵照他周密的计划和部署，先后发现了几内亚、塞内加尔、佛得角和塞拉利昂。

拉古什海战

从希沃斯群岛回到热那亚不久，参加了热那亚出动的一支武装护卫舰队，护送一批珍贵的货物去北欧。这支舰队由一艘武装军舰、三只大帆船和一只小船组成。小船为佛兰德人所有，船名"贝查拉"，由哥伦布任船长。1476年5月31日，船队从诺利出发向西航行，经直布罗陀海峡沿葡萄牙南部海岸前进。两个多月以后，8月13日，在拉古什海域快要到达圣·文森特海角时，突然遭到一支葡法联合舰队的攻击。葡法联合舰队由13艘战舰组成，装备精良，占有绝对优势。热那亚船队坚持顽强抵抗，战斗十分激烈，持续了一整天，三只热那亚船和四只敌舰均被击沉。哥伦布驾驶的"贝查拉"号船中弹起火，他负伤落水，幸好抓住了漂浮在海面上的一条船桨，经过长时间的奋力挣扎，泅水前进，终于在拉古什附近的海边爬上了岸，于是从拉古什流落到里斯本，幸好被居住在那里的一位热那亚同乡收留。后来又和已经在那里经营书店并绘制地图的弟弟会合，从此开始了一段新的生活。

航海强国葡萄牙

葡萄牙位于欧洲西南伊比利亚半岛西部，西南两边濒临大西洋。航海是这个国家最值得骄傲的事业。在人类航海历史上，从达·伽马、澳维士，再到哥伦布、麦哲伦，都是从葡萄牙实现大航海梦想的。可以说，葡萄牙是世界航海事业的发祥地。

作为世界最早的航运大国的首都，里斯本享誉世界的名气始于海上大发现时代。由于葡萄牙人对财富和未知世界的渴望，加上拥有优越的地理位置和航海技术，里斯本从一个小渔村发展成了当时航海探险的中心。开通海路以后，瓷器、珍珠和丝绸等商品由中国运抵印度的港口，再与当地出产的珍宝和香料一起装船运往里斯本。海上通道为葡萄牙对东方的贸易提供了极大的便利，也为日后葡萄牙在东方建立殖民地奠定了基础。在此同时，红木、咖啡、黄金和钻石也从世界的另一端源源不绝地运抵里斯本。强大的航海实力，使葡萄牙得以肆意地享受由美洲和非洲殖民地聚敛而来的财富，为葡萄牙成为当时世界最强大的帝国，打下了坚实的基础。

西班牙岁月
（第二个8年）

> 激情是鼓满船帆的风，风有时会把船
> 杆折断，但没有风，帆船就不能航行。
> ——伏尔泰

哥伦布进入西班牙的第一站是帕洛斯。8年后，哥伦布的历史性航程，就是从这个港口起锚的。

选择帕洛斯自有哥伦布的道理。因为帕洛斯是西班牙的一个重要港口，是海外贸易的前沿，是冒险家集聚的地方。而且哥伦布有两个妻妹夫住在那里，他将小迭戈托付给孩子的姨妈。稍事停留后，他又匆匆起程了，因为王室不在这里。

哥伦布非常明白，不论他因犹太人的苦难而对卡斯蒂利亚怀有怎样的耻辱感和怨恨，但他不是士兵，他必须用自己的方式来回敬异教的罪恶。为达此目的，他知道自己必须在大人物和宗教法庭之间站稳脚跟。为保险起见，他数次改变具有明显犹太人特征的姓氏，并通过朋友获得方济各会在自己护照上的签证，因为方济各会是皈依天主教的犹太人的最危险的敌人。

当时，王宫设在塞维利亚。哥伦布到达这里之后，没有首先去觐见两位君主（国王和王后），而是先去拜访了西班牙权贵中最强的人物——梅迪纳西多尼亚的公爵唐·恩里克·古斯曼。此人是梅迪纳亚多尼亚的第二任公爵，是那个占据了半岛最繁荣的封地的家族之长，是西班牙最富的人，实际统治着桑卢卡尔港周围的广大地区。只要愿意，他能够担当起哥伦布大发现的一切事务。但是，或者不情愿，或者因其他原因，他未这么做。

哥伦布在梅迪纳西多尼亚失败后，又前往梅迪纳塞利。唐·路易斯·拉塞尔达——梅迪纳塞利的第五任伯爵和第一任公爵，财力虽不如梅迪纳西多尼亚的公爵，但身份并不比前者低。

哥伦布的计划激起了他的向往，他下令在自己的港口船坞建造所需的三桅帆船。从1484年秋到1486年初，哥伦布一直住在他的领地，并由这位慷慨的公爵供给生活费用。哥伦布感到他离实现自己崇高幻想的日子不远了。在那些岁月里，他天天都把喜爱和期待的目光盯在刚造好的三桅帆船上。

但是，1485年不太顺利。所有人都在关注着依然被摩尔人占据的格拉纳达。当时进军的大本营在科尔多瓦，国王在塞维利亚度过冬天后，于3月份移师到

这里。按照国王的要求，大封建主们早已把自己的武装集合起来，准备发动一场春季攻势。梅迪纳塞利的这位公爵，也参加了这场攻势。战斗进行得极为艰苦，每一次推进都要付出重大代价。

这期间，被反对摩尔人的战争缠绕，公爵无暇顾及哥伦布和他的帆船。更不幸的是，那年秋季，整个安达卢西亚都遭受了大水灾，就连哥伦布安身之处的拉斯奎瓦斯修道院，也不得不用船将修士们救出。

但归根结底，哥伦布在这位公爵那里遭到的失败不是由于自然原因，而是来自人为因素——梅迪纳塞利的公爵有顾虑。这或是因为公爵自身产生的，或是

← 航海之前

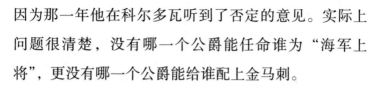
因为那一年他在科尔多瓦听到了否定的意见。实际上问题很清楚，没有哪一个公爵能任命谁为"海军上将"，更没有哪一个公爵能给谁配上金马刺。

这位公爵没能亲自扶助哥伦布远征，而是给王后写了一封信，将哥伦布引荐到宫廷。大发现的计划是1486年1月20日交西班牙王家枢密院的，哥伦布自己把这个日子当作他正式效力王家的开始。

王后接到信后，指派国王的总会计——阿隆索·德·金塔尼利亚接待哥伦布。这是一个很能说明问题的安排，它表明王室把哥伦布的发现与财富的获取紧密地联系起来。缺少一个合适的机会为国家增加财政收入，一直是西班牙君主国的弱点。在当时，乃至以后很久，国家的财富仍是国王个人财产的组成部分。国家收入与统治国家的君主的收入，还没有进行必要的区分。在反对摩尔人的圣战中，费尔南多国王和伊萨贝尔王后把自己所有的财产都用完了。为了这场战争，他们还把自己的封建领主提供的财力和人力支援，都看成是忠诚的献礼而接受下来。1486年冬，国家财源几近枯竭。

可以想见，当金塔尼利亚听到哥伦布口若悬河般地以如此坚定和热情的语言描述西行奇景，闪光的金子、银子和宝石时，这位王室司库的口水都流出来了。

门多萨当时享有"第三国王"的别称。手中掌握着半岛首要的大主教教区。他在国家机构中也有职权，相当于今天的总理。他是一位极其精明和德高望重的人物，出身于西班牙最有名望的家族之一——桑蒂利亚纳家族。接近这个人物，保证了哥伦布接近国王。

1486年4月末，唐·费尔南多和唐娜·伊萨贝尔来到科尔多瓦。此时正是春天，就在这个地方，哥伦布第一次见到了天主教徒的国王们（国王和王后）。

这次会见到短暂的，国王们无疑被哥伦布特有的热诚所感动。但是，他们无暇深入考察，而是把此事交给了一个专家委员会。

←西班牙的修道院

→皇后伊萨贝尔像

主持这个委员会的是埃尔南多·德·塔拉维拉修士，他不仅是王后的忏悔牧师，对于王后来说，还是一位万能的大臣。在最近的几年中，他几乎天天都在以自己的献身精神、人道胸怀、经验和智慧为王后效力。如果不认为哥伦布的想法值得关注，王后怎么会再去加重这位已是超负荷工作的人物的负担呢？

但是，直到1490年，委员会仍未就此事提出任何

意见。

应该说，委员会并不是由一些官僚分子所组成。这个委员会囊括了西班牙当时著名的天文学家、宇宙志学者、航海家和哲学家，他们应该有能力对哥伦布的设想做出裁决，但事实却相反。

至于塔拉维拉本人的态度也显而易见。哥伦布急于想干大事，想获得最高荣誉，在塔拉维拉眼里，这是一个中了魔的可怜的想法。这位普拉多修道院长仁慈的灵魂，无疑会为哥伦布感到难过。一个把想象力集中在精神世界的人，一个认为一切行动都是牺牲自我以便告慰上帝的人，必然会对哥伦布的想象和愿望缺乏同情和理解。当国王和王后把哥伦布的计划托付给塔拉维拉时，便意外地把两个互不理解的世界，两个绝不相容的人物连在了一起。

存在于英雄和圣人之间的这种下意识的、深刻的分歧，可能是使急躁的哥伦布不得不在西班牙王室中等待四年之久的原因之一。对这几年的耽搁，哥伦布经常伤心地埋怨，甚至在"印度"被发现，他的信念得到证实之后，还在回忆"这六七年的巨大痛苦"。他在给国王的信中写道："我在王室中待了7年，每当向别人讲起这个事业，大家都异口同声地说这是笑话。"

在这种情况下，哥伦布未能马上成为发现者，而

是不得不一年一年地等下去。

　　这期间，哥伦布逐渐陷入了贫困之中，但是，这并不是击中他要害的关键所在。对于一个献身于自己的事业和进入到一个崭新境界的人物来说，贫困只不过是其他更深切的失望的陪衬而已。他灵魂的痛处在于他的幻想因在两个宫廷面前反复陈述而变成了陈年旧物，在于莫名的怀疑使他的心灵变得暗淡起来。他炽热的激情也因此积上了一层厚厚的灰尘。

　　他的伟大计划10年前就在他的心灵中闪现了。从里斯本到帕洛斯，从科尔多瓦到塞维利亚……所有这些城市和这些王侯，都成了撕裂他疲惫心灵的死亡回忆。

　　一个干枯的心灵，需要温暖阳光的抚慰。在这一时期，哥伦布像许多英雄一样，将心灵中软弱的一面呈现了出来，他有了一位女友。当时哥伦布36岁，这位犹太姑娘贝亚特里斯·恩里克斯是18或20岁。这对恋人从相识到结局的情况记载甚少，但可以想象的是他们彼此的热情和投入。无疑贝亚特里斯理解他的不幸。他的与众不同的性格和独一无二的追求激起了姑娘无数次美好的感觉。他们始终没有结婚，但第二年，他们有了一个可爱的儿子。

　　在哥伦布充满荆棘的道路上，贝亚特里斯是唯一

一朵鲜花。

　　1490年，哥伦布痛苦地、毫无头绪地等待了4年之久的委员会的结论出来了，结果是否定的。委员会认为哥伦布拿不出有关具体问题的物证。塔拉维拉修士以及天空和海洋方面的专家们一致怀疑这位异想天开的外国人的计划的可信性，王室的要人也认为不应当坚持如此没有根据的事，他们几乎肯定这件事除了浪费钱财和损害王室威信外，不会有任何结果。至此，哥伦布也得出自己的结论：他在西班牙的努力失败了。

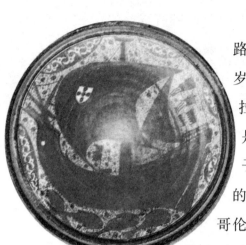

一绘制有武装商船的葡萄牙陶碗

哥伦布走投无路。当时，他的11岁的儿子迭戈在拉拉维达，他的几乎是刚生下的私生子费尔南多与他的妈妈在科尔多瓦。哥伦布缺少供养他们的必需品。更糟糕的是，他在西班牙已失去了寻找出路的信心，何去何从？

希望往往诞生于最渺茫的时候。1491年，哥伦布回到拉拉维达，从这时起，他的命运发生了奇迹般的变化，尽管在开始时没有任何预兆。

在拉拉维达，哥伦布找到胡安·佩雷斯修士。在哥伦布第一次到达修道院时，此人就对他很感兴趣。而且，哥伦布还遇到一位新朋友——马丁·阿隆索·平松。此二人为哥伦布的成功出了大力。

这些朋友对哥伦布的帮助，不只是信心和恒心。那些艰难困苦的日子里，他们让哥伦布住在修道院。更重要的，是哥伦布周围有了他最需要的同伴：经过大海锻炼并对大海充满希望与想象的人们。

马丁·阿隆索·平松不只是一般的海员或有经验

的领航员，在他的故乡帕洛斯城，他算是一方权贵。他拥有自己的三桅帆船和许多小船，从很小的时候，他就航海了，既是领航员，又是同事中受信任的海上首领。他在"旧海"中航行到过意大利，在"新海"中航行到过几内亚和加纳利群岛。与葡萄牙的战争，又证明了他的军事才能和勇敢精神。他是一位富足的人，加上他严肃的性格和检点的生活，使他在港口附近地区有很高的威望。

与哥伦布一样，平松也患上了大发现的"高烧"。当在拉拉维达遇到因在王室刚遭失败而垂头丧气的哥伦布时，平松的决心已暗暗下定。这两位人物在封闭宜人的修道院里的会面，毫无疑问是对美洲大发现的决定时刻。哥伦布在这时找到了他的第二条路。

在这个散发着松树清香和浸染着淡淡海洋咸味的清洁的圣地里，失魂落魄的哥伦布遇到了他一生中难遇的一位知己。这位不仅因

← 大航海时代西班牙矛兵盔

为财富，而且也因为勇敢而受到尊敬的船长不仅不嘲笑他，相反却深为同情。他拿出教皇的一位宇宙学者送给自己的一幅待发现的土地略图来证明哥伦布的观点、计划和信念。这对于可怜的流浪者的心灵创伤来说，该是一剂仙丹妙药。这种帮助，必然使哥伦布重新燃起希望。

但是，平松只不过是一个地方豪强，在宫廷中完全没有影响，甚至连名字都无人知晓。他的意见和鼓励尽管可以使哥伦布再次振作起来，但无疑不足以改变经过四五年拖延，根据那个委员会的意见所做的决定。

正在这时，一件比平松的支持更重要的事情，使哥伦布的命运发生了戏剧性的变化。一天晚上，胡安·佩雷斯修士与哥伦布谈过话之后，便向宫廷派去一位使者，带去一封给王后的信。15天后，王后给佩雷斯回信，指示他让哥伦布静候陛下的信。不久，王后的信和2万马拉维迪送到哥伦布手里，王后建议他买些衣服穿得体面些，以觐见陛下。

胡安·佩雷斯的上书，一下子解决了国王对哥伦布的建议所怀有的宇宙志方面的疑问，原则上同意帮助他远航了。因此，现在只剩下哥伦布提出的那些条件的问题了。在胡安·佩雷斯修士上书之前，哥伦布是为让他人理解他的计划而努力，自佩雷斯上书和与

女王会谈起，哥伦布已开始为实现他的要求而斗争。

　　对此，哥伦布丝毫也不让步。他要当骑士，配上金马刺；要拥有"唐"这个尊称；要当印度郡岛和大陆的大将军；要成为所发现地区的副王和总督；这些头衔要永远世袭；在他辖内的一切生产和财富，他应获得10%的权利。这与他在葡王面前的条件完全相同，他并不因为那次失败而降低哪怕一个条件。

　　这些条件必然引起宫廷的震惊，一个挨饿受冻的"乞丐"，一个十足的流浪汉，竟然要求得到西班牙的

←西班牙塞维利亚航海博物馆

海军上将那样的荣誉和权利！但是，哥伦布毫不动摇，他的高傲的态度像钢铁般坚硬。他自认为他是主选出的代理人，不仅要征服一个新世界，而且要与国王和王后抗争，在他们面前挺起胸来。因为就是这位国王和王后，不仅压迫着犹太民族，而且正准备把他们赶向流放地。哥伦布要在这块土地上站稳脚，更要赢得荣誉和尊严。

毫无疑问，哥伦布第二次失败了。

这位流浪的发现者要永远地离开西班牙了，至少哥伦布自己是这样认为的。他把目光移向了英国，他的弟弟巴托洛梅曾到过那里。他又想到了法国，巴托洛梅现在正在那里。但是，身份无文，怎么去呢？他弟弟的情况怎么样，一切又无头绪。8年的酸甜苦辣，两个儿子，使自己感到不安的妻子和情人，哥伦布日夜思考着这些问题。

去法国，还是英国？

正当哥伦布被这些问题缠绕，离开格拉纳达上路时，他的几位有权势的朋友却在向王后讲情。在这个关键的时刻，形势发生了变化，王后的一名仆从在格拉纳达城外赶上了他。哥伦布认定这位信使不是从王后那里来的，他来自主的指使。

哥伦布决定返回，返回到未竟的事业上来。

相关链接
XIANGGUAN LIANJIE

女王伊萨贝尔

伊萨贝尔一世原是卡斯特王国的公主兼继承人，她自己做主，与阿拉贡王国继承人费尔南多的婚姻促成了两国合并，成就了西班牙的统一。这位女王思维敏捷且意志坚强。她拥有非凡的经历和横溢的才华。曾亲临前线，攻下了穆斯林在西班牙南端的最后一个据点，结束了西班牙持续数百年的基督教"再征服运动"，她还企图在思想上统一西班牙，建立基督教"铁板一块"的局面，将大批穆斯林和犹太人驱逐出境。

她对世界历史影响最大之举，是资助了哥伦布远航，使1492年成为永远载入史册的伟大一年，两个隔绝的世界从此联结成一体。凭借美洲殖民地源源不断的黄金供应，西班牙也借此在此后百余年间成为世界霸主。而拉丁美洲也从此打上了西班牙语言文字的烙印。

西班牙的航海节

西班牙是个极为重视航海的国家。每年的7月20日是西班牙国家法定的航海节。1622年遭遇飓风沉没于西班牙玫尔菲希附近海域的西班牙海船"阿托查"号在1995年7月20日被打捞出水的这一天，定为西班牙的"航海节"。

在2004年7月20日，为庆祝17世纪古船"阿托查号"被打捞上岸10周年，西班牙当局举行了更加隆重的航海节活动。内容除了大规模的文娱活动和群众集会外，还包括西班牙海洋考古队的潜水知识讲座，并且在沿海一带举行深海潜水演习，聘请大学教授和海洋专家介绍海底沉船在世界各地的分布情况，以及其所拥有的历史、文化内涵和巨大的经济价值。

"阿托查"号船沉在海底近400年，西班牙人经过10年的艰辛努力，才把它打捞上来。这艘西班牙古船之所以如此获得尊重，完全是因为这艘海船上有价值4亿美元的17世纪古董和金银财宝。

卡斯蒂利亚

卡斯蒂利亚，或译作卡斯提尔，是西班牙历史上的一个王国，由西班牙西北部的老卡斯蒂利亚和中部的新卡斯蒂利亚组成。它逐渐和周边王国融合，形成了西班牙王国。现在西班牙的君主就是从卡斯蒂利亚王国一脉相传。

卡斯蒂利亚在很早的时候只是莱昂王国东部的一个郡，到了11世纪才成为了一个独立的地区。当时卡斯蒂利亚把首都定在布尔戈斯，后来又迁至巴利亚多利德。在之后的四百年中，卡斯蒂利亚带领北部的其他基督教国家从自8世纪起就开始控制伊比利亚半岛的摩尔人的手中重新夺回了西班牙的中部和南部。

在1085年，卡斯蒂利亚攻下托莱多后把它改名为新卡斯蒂利亚。1212年的纳瓦斯德托洛萨战役宣告了摩尔人失去了在南部大部分地区的统治。1230年，卡斯蒂利亚统一了莱昂。在接下来的十年里，卡斯蒂利亚又相继攻下科尔多瓦、穆尔西亚和塞维利亚。

1469年，阿拉贡王国的费尔南多二世与卡斯蒂利亚的伊萨贝拉女王的婚礼使这两个王国合并到了一起。它们的合并使西班牙最终形成了一个统一的实体。

大发现前夜

> 踏上峰巅的最后一步也许就是最艰难的一步。

——作者题记

当哥伦布返回格拉纳达时，一切折磨他的问题事实上已经不存在了。剩下的问题只不过是把它写到纸上去。这一天是1942年4月17日，哥伦布在著名的圣菲协议书上签了字。

4月30日，国王又签署了奠定美洲大发现基础的另外两份文件。第一个文件，同意授予哥伦布在协议书中的要求的那些头衔和职位；第二个文件，国王下令帕洛斯市将两条巡逻用的三桅船交给克

→哥伦布的圣玛利亚号

← 哥伦布『平塔』号复原图

里斯托瓦尔·哥伦布支配。

口袋里装着国王的命令，心中怀着从未有过的对自己命运的坚强和美好信心，哥伦布作为一个胜利者回到了帕洛斯。5月23日，也就是他离开格拉纳达后的第11天，他便在圣豪尔教学召集帕洛斯当局和市民代表大会，向他们宣读国王的命令。

哥伦布出现在他们面前，感到非常自豪，甚至是骄傲。过去，他想出人头地的性格，长期被贫困和蔑视所压抑，现在，他终于找到了尊严和崇敬。哥伦布手里拿着国王的命令，天真地期望这份庄严的文件能立即产生效果。

但是，哥伦布第一次领教了西班牙人的性格。对于国王的命令，他们采取了介于尊重与不服从之间的态度，这种结果使哥伦布大为不快。因为远航的大好时节已过去了一大半，拖下去会使他的计划成为泡影。

哥伦布清楚地知道，作为一个外国人，他在帕洛斯是招不到一艘敢于冒险的船只同他前往未知海的。但是，凭借自己的计谋和耐心，他让国王又下达了一项命令，即凡是愿意跟他出航的人，所判刑期立刻终止。

这个前所未闻的措施是个没有办法的办法，它反映了哥伦布的雄心和这项事业的特殊性。在大多数人眼里，这也许就是一项一去无回的事业。

帕洛斯的官员继续采取遵从但不执行的态度。于是，哥伦布又从国王那里弄来了另一项命令。这个命令不只是给帕洛斯官员的，而且包括安达卢西亚沿海所有当局，要求他们为哥伦布准备不是2条船，而是3条。

这一系列命令迟迟得不到执行，哥伦布想从在押

→西班牙皇宫

犯中招募船员的做法，也必然使他当时寄居的拉拉维达修道院的修士们大为吃惊。哥伦布尽管有国王的信件，但帕洛斯的各个酒馆和海员住地也必然有人对他进行讽刺和嘲笑。

←卡斯蒂利亚的教堂

最后，哥伦布与平松兄弟进行了谈判。在此之前，特别是获得了国王的尚方宝剑之后，哥伦布是不想让这位帕洛斯船长给予保护和合作的。他那高傲、独立，同时又是谨慎、多疑的性格，必然使他采取这种态度。与此相对应，平松兄弟却表现出巨大的合作热情。

早在哥伦布还在宫廷为签订圣菲协定而上下奔走时，平松已开始着手准备和组织船队，为装备船只和招募人员而忙碌，甚至是掏腰包支付各项开支。他似乎早已料到，他与哥伦布的合作，将是此次海外冒险

一西班牙教堂

的唯一选择。

　　这次合作似乎非常彻底。平松慷慨地预先借给哥伦布50万马拉维迪，以支付哥伦布承担的1/8费用。有了平松的参与和帮助，事情进行得就很顺利。现在，3条船已经备齐，其中有两条是平松从地方租来的。这3条船分别是旗舰圣玛丽亚号和平塔号、尼尼亚号。其中圣玛丽亚号最大，平塔号速度最快，尼尼亚号最小。它们全都是三桅帆船，只有一层甲板，船首有破浪材、船尾平坦，有3根桅杆。这是种性能好，速度快，船身长且窄的船只。就是今天用这些船在30天内走完从加纳利群岛到安的列斯群岛的路程，也是一种令人赞叹的壮举，更何况当时是不知海况、不知风向，只靠胆量、技能和运气航行的。

　　圣玛丽亚号的排水量是233吨，船首和船尾都是

船楼，全长39米，有效甲板22米，挂四角形帆；平塔号全长17米，也是四角形帆；尼尼亚号仅在船尾有船楼，挂三角形帆。3只船都装备了口径为4西班牙寸的轻型火炮，另外还配备了小口径炮。惹人注意的是，每个帆上都有十字。

　　船队成员也已安排就绪，共90人。由于平松的帮助，船队中人有24名囚犯，而不是全部。这些船员有帕洛斯人，也有安达卢西亚、卡斯蒂利亚、卡塔卢西亚、热那亚、甚至希腊人。他们中有木匠、铁匠、厨师和医生，也有语言学者、宇宙志专家和国王的代表们，如公证人、监察员、警官长等。但远征队没有妇女，也没有修士。

　　哥伦布理所当然地担任了圣玛丽亚号的船长职

← 出行前的港口

务，并负责船队的全面工作；马丁·阿隆索·平松指挥平塔号；他的弟弟弗朗西斯科·马丁·平松是该船的领航员；阿隆索的另一个弟弟维森特·亚涅斯·平松指挥尼尼亚号。维森特后来一步一步成为西班牙最著名的领航员之一。圣玛丽亚号船的大副是有名胡安·德拉·科萨，他是一位著名的宇宙志学者，后来绘制了一幅最著名的美洲地图。

哥伦布把大部分物质准备工作交给了有经验的平松。这是一次非同寻常的远征，谁都不知道要持续多长时间，也不知路上能不能找到给养补给地。为此，平松及其他股东的大部分资金都必须用来购买食品、葡萄酒、水和药品以及灯具、燃料、索具等等。同时，他们借鉴航行于非洲沿海的先辈的经验，在船上还精心准备了许多用于换取土著人财宝的玻璃制品、眼镜、花花绿绿的圆帽子、针线和其他基督文明的杂物。据估计，这支船队每吨位需要2000马拉维迪。另外，一年的食品需54万马尼拉维迪，其他费用还需50万。可以肯定地说，没有平松家族的帮助，没有他们的威信、热情和财富，哥伦布是不可能看到胜利和希望的，是无法在1492年8月2日登上圣玛丽亚号欣赏他那2艘骄傲的帆船的。

经过长达16年的斗争和坚持，哥伦布终于等到了这一天。

哥伦布原定是8月3日起航的，但是，他在2日就发出了起航的命令。

8月2日，又是浸染着犹太人耻辱的日子。他们像一群可怜的羊，在西班牙灼人的阳光下，一路风尘、绝望地离开了自己世世代代的聚居地，向六大港口汇集。但是，他们不是去寻找一个新的，充满想象的荣耀世界，而是像他们的祖先那样走向同样残酷和野蛮的世界。那种令人恐怖的野蛮的世界，曾给他们的祖先留下了噩梦般的感受和记忆。

8月2日，所有犹太人都离开了西班牙。在发生迫害犹太人的同一天，哥伦布决定起程；在犹太人踏上不幸道路的同一天，哥伦布决定离开西班去寻找自己的幸

← 航船

→哥伦布徽章

运之路。

8月2日黎明前，哥伦布的船队起航了。在清晨凉风的吹拂下，3艘纤细的三桅帆船一艘接一艘地升起了风帆，风帆上的十字张开了它那仁爱的双臂。在岸上，人群和整个帕洛斯港都在激动地注视着这三艘帆船被时间和空间的大嘴慢慢地吞咽下去，多少双眼睛在流泪、多少人的心在悲痛。

3艘帆船顺流而下。当驶近萨尔特斯岛时，他们的白帆被早霞镀上了一层玫瑰色。而此时，西方的新世界却仍沉睡在夜幕之中，离这3艘去寻找它们的帆船还很远，离历史为人类突然打开的广阔未来还很远。

相关链接

XIANGGUAN LIANJIE

西班牙大帆船

16世纪初，正值海事革新的大航海时代，船舶设计者们努力尝试着将大炮搬到甲板上，新式的航海设备也不断涌现。在地中海，有一种又小又轻的装着三角帆的商船，正是两艘这样的地中海式帆船伴随着更大一点的"圣母玛利亚"号（哥伦布的旗舰）于1492年完成了大西洋彼岸的发现之旅，它们遂成为最常见的冒险用船。西班牙大帆船是由地中海式帆船演变而来的，二者有着很多相似的特征，例如，早期大帆船的前甲板都不高，船身看起来也都比较小巧。西班牙大帆船是在继承了地中海的造船工艺和传统的基础上，发展出来的一种新型帆船。西班牙大帆船也是西班牙成为海上霸主的利器之一。

圣菲协议的隐患

皇室和哥伦布签订的协议，称为"圣菲协议"，这份协议表面上满足了哥伦布的所有要求，国王也终于答应将获得的收入的10%奖赏给哥伦布，这是符合当时欧洲的君主奖励臣民的惯例的，国王的收入并不很高，只有用重赏的方法才能开辟新的财源，增加王室的收入。即使这样，这10%的奖励往往也只是不能兑现或不能完全兑现的一纸空头"支票"而已。

人们注意到，上述"协议"和"法律证书"都只是说发现新的岛屿和陆地，只字未提哥伦布在提交计划过程中反复讲到的契丹和西潘古。西班牙国王在后来的法律证书中也未提到原协议中规定的哥伦布应得的财富的十分之一，可能是为日后王室"赖账"埋下伏笔，哥伦布晚年经常抱怨没有兑现他应得的奖励份额。他死后，其家属曾经向王室提出诉讼，1567年败诉，所得的财物更是大大减少。但仍保留了世袭贵族头衔和韦拉瓜公爵职位。每年得到1万迪卡特（约合一两万美金）。这个待遇，西班牙政府一直履行到1898年失去在最后一个美洲的殖民地——古巴时为止。

圣玛利亚号远洋帆船

"圣玛利亚"号远洋帆船是哥伦布探险船队的旗舰，它是一艘木结构远洋帆船，也是一艘典型的中世纪西洋风帆船。

1492年8月3日，哥伦布探险船队在"圣玛利亚"号率领下，从西班牙的帕洛斯港口扬帆远航。当他们驶抵达海地岛。哥伦布见到岛上居民身上戴有金片装饰，以为这里是东方的日本。一打听才知道这里不是日本。岛上有位老人告诉哥伦布，在海地岛南面有个大岛盛产黄金。在黄金的诱惑下，哥伦布探险船队继续向南方航行。

1492年12月25日，海面上刮起大风。海风把"圣玛利亚"号吹到岸边，搁浅在海地岛的一个沙滩上，无法继续航行。哥伦布当机立断，将船上的39名水手留在岛上，建立一个"白人村"，还留下大炮、物资，这样哥伦布探险船队旗舰"圣玛利亚"号结束了它的一生。

作为哥伦布探险船队旗舰"圣玛利亚"号在世界航海探险史上留下光辉一页。

越出地平线

坚持、坚定是走向梦想的双足。

——作者题记

　　哥伦布一进入海洋，便如放飞的苍鹰。16年来，他受尽了那些自恃博学的主教、官员、朝臣和宇宙志学者的百般怀疑和讽刺。现在，所有这些就像远去的城镇和山丘，在记忆的地平线上消失了。他终于成了掌握自己命运的主人。

　　在驶向加那利群岛的头几天里，哥伦布只身一人待在船尾塔楼上，得意地欣赏着自己取得的巨大胜利。往脚下看，来来往往的船员各司其职；前面尼尼亚号劈波斩浪，向左右两边划起的两道白浪在阳光照耀下像两把尖刀闪闪发光；最前面，平塔号白色的风帆照耀着灰蓝色的天空。

　　他现在是船长，不久，他就是海军上将了。他早已拒绝好心朋友的规劝，他在荣誉面前毫不退让，这真是太有道理了！这么不争，要么争到底。不争，什

么都不会有；争了，就该争到。甚至在他起航前，他那为自己的目标坚持不懈的恒心就征服了国王。5月8日，国王同意把哥伦布的儿子迭戈派给王子唐·胡安当伴童。在西班牙，即使是最高贵门第的孩子，谁也不敢梦想这个最高荣誉。然而，哥伦布——这个不知从哪里冒出来的外国人，仅仅靠固执己见和坚决拒绝降低发现的要价，却为自己的孩子获得了这种奖赏。而且，他还用西班牙最高贵的人物——国王费尔南多的名字为他的私生子命了名。

他佩上了金马刺，他自我感觉到，天下没有比他更荣耀的人了。他马上就会在身披金甲的大汗的君主身边当大使了；在大汗与基督世界之间，通过西方航路的联系就要建立起来了。

这种想法点燃了哥伦布的幻想之火，马可·波罗的浪漫之旅又为他准备了点燃幻想之火的干柴。到已知的地方加纳

↑纪念哥伦布登陆美洲500周年的纪念钱币

利群岛的这段路程，在哥伦布看来是多么慢啊！

　　8月9日，船队到达大加纳利。由于平塔号的舵脱扣了，需要停下修理，船队在这里耽搁了将近1个月。9月9日，哥伦布在获得了充足的给养和燃料后，指挥船队坚定地向西驶去。

　　黎明时分，在驶离铁岛十多海里时，船队看不到陆地了。许多船员突然心里没了底。其实，他们中的大多数人曾经不止一次远离陆地，但是，他们总知道自己走到哪里了，知道一会儿就会看到海岸，知道不久就有邻近的陆地出现，因为在此之前的航海活动大都沿海岸线进行，还没有出现真正的远洋航行。可是这一次，他们却离开了海岸，离开了基督世界，这是人类历史上第一次主动的有计划的远洋航行，他们要去寻找一个谁也不知道什么时候才能找到，要走多少

→哥伦布发现新大陆

路程才能见到的绝对未知的地方。这次非同寻常的旅程，使每个人都感到惧怕。那天早晨，整个船队气氛低沉，有些海员在低低地哭泣。

此时是哥伦布一生中最伟大的时刻，是他为航海史和大发现做出实际贡献的时刻。他径直向西方驶去，径直离开海岸。他坚决地按自己的航路走下去，直到发现他要寻找的东西，他一举打破了航海传统。

毫无疑问，能够做出这种决定的不只是哥伦布一人，但他却是这一勇敢事业的首创者和带头人。这一事业的实现是要人们愈来愈远地航离已知的世界。

哥伦布一生中的这个光辉阶段，表现出他的特殊性格：执着、持久、百折不挠。不管需要多长时间，哥伦布的西航决心坚定不移。

而在观念上及认识论方面，哥伦布的思想又同那个时代一样，是错综复杂的。在他的脑海里，托勒密的理论和圣经的思想具有同等地位。与此相应，中世纪和他身处其中的那个社会的信念亦相互融合、渗透、彼此难分。这次预言式的不朽远航，尽管哥伦布是以一种可与科学家相比的科学精神，可与航海家并论的航海技术来指挥的，但其中起决定作用的却是一种宗教般的热情。这种热情不仅成为自始至终推动他不断向前的强大动力，同时，由这种热情所左右的观念，也影响到这次

远航的一些技术问题。

直到发现新大陆前几天，哥伦布一直坚持沿北纬28°线航行。这一并非出自科学认识而更多是受当时航行的偏见所使的决定，在今天看来，几乎成了促成大发现顺利实现的关键。因为如果再把航线向北移一点，他就会驶离顺流区，横渡大西洋便会是一场灾难。

当代某些地理学家曾就此断言：哥伦布实际上有三大发现，而不是一个，他的两条海上航路的发现被忽略了，被对大陆的发现埋没了。

这一见解并非没有自己的魅力，但考察一下哥伦布的四次航行，它就站不住脚了。在四次航行中，东——西去程既快又顺利，这并不是因为他找到了今天众所周知的顺流区，尽管他曾为此做过努力，而是因为那时人们普遍认为只有向热带走才会发现黑人和褐色人，金子更多地出产于热带，因此他很幸运地驶进了顺流区。但是，他的西——东回程却是一路不幸，因为他没有找到顺流航线，实际上他根本不知道有这样的航线存在。

哥伦布有争议的另一个发现是地磁变化。如同地理学大师洪堡所言："在欧洲人的航海天文学史上，这真是一个值得纪念的日子。"这一天是9月13日，哥伦布发现罗盘由北向西偏斜了。9月17日，领航员再次发现罗盘指针由北向西偏了1/4方位点。

　　这一被科学家们后来发现具有重大的理论价值的事实，当被那些航行在未知海中的海员和水手第一次见到时，远不会镇定自若，他们普遍感到惊慌失措和悲观。

　　哥伦布以自己惯有的镇定和计谋处理了这个情况。显然，他并不懂得如何向领员们解释这个现象，但他"很有把握"地把原因归咎于北极星："北极星走动了，而不是罗盘指针动了"。这一连他自己都不敢肯定的解释，有效地恢复了海员们对罗盘的信任。

　　如果说哥伦布对海流和地磁变化还无从把握，那么航程倒是一个可确定的数据。在整个远航过程中，他对船队究竟走多少路一直秘而不宣，他要让人以为船队比实际走得近。显而易见，这能产生一剑双刃的

← 航海日记、地图和罗盘

功效，除了防范可能出现的恐慌和泄气，稳定船员的情绪外，其真正的用意是想掌握大发现的唯一"钥匙"，从而使自己成为通向西方不可缺少的领路人。

但实际上，这并不足以改善船员们的情绪，他们梦想着见到陆地，梦想着他们的冒险得到奖赏，梦想着拿到通向未来宝库的钥匙。可是，随着时光在无边的大海上的流逝，渴望见到陆地的心情愈来愈强烈了。许多人已不再对运气抱有幻想，他们的心思转而思考如何同风暴和液态沙漠做斗争。每当黎明和傍晚，3条船便集中起来共同搜寻地平线，因为这两个时间地平线的轮廓最为清楚显见。

每到晚上，夜幕笼罩一切，人们被反盖在黑色的锅底下，消失在无边无声的大海中。除了颤抖的灯光

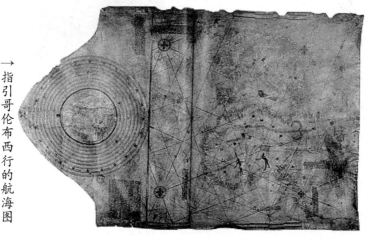

→ 指引哥伦布西行的航海图

和船体被风浪吹打而发出的声音外，3条船孤零零地在海上漂荡着。人们不得不忍受着一再怀有的不知何去何从的巨大痛苦。在那些长无尽头的夜晚，那些负责守夜的船员和忧愁难眠的同伴，不断地说他们看到了飞鸟、草和陆地上的东西。

但是陆地依然遥遥无期，难道他们只能在无边无际的海洋中漂荡，直到被大海吞噬，一点痕迹都不留下来吗？每当人们被这种气氛笼罩时，一到晚上，一种庄严而又热烈的歌声便在海面上升起：根据卡斯蒂利亚海

←哥伦布航海纪念邮票

员们的习惯，每当灾难即将降临时，众人便齐声高唱圣母颂。他们希望这首基督教的圣歌能顺着桅杆和风帆传到天空，以便上帝来拯救他们这些忏悔的罪人。

这种渴望久久不能得到满足，是一件十分危险的事情。然而，他们的航程依然没有过半，甚至连1/3还

→哥伦布在海地岛

不到。夜间的恐惧开始超过白天的希望。9月23日，低沉的气氛弥漫着整个船队，甚至连哥伦布本人也产生了疑问，他召见马丁·阿隆索，并问他："3天前已把海洋图交给平塔号了，难道根据这张图还找不到任何陆地？"马丁·阿隆索回答说能找到，并用一根绳子把海洋图扔回给哥伦布。哥伦布和他的领航员及一些水手把这张图认认真真地又看了一遍。当天傍晚，平松在自己的船尾塔楼上大声叫喊他看到陆地了。于是，有人爬上桅杆，有人跪下，有人大笑，有人哭泣，有人祈祷，但是到了黎明，这个希望又破灭了。

希望有多大，失望就有多大，欺骗有多深，愤怒就有多深。那个外国人，那个幻想家，那个疯子，正

在把他们引向死亡，应该采取行动，受害者不应去找死，帆船的栏杆高度有限，而大海深不可测，只要摆脱那个外国人，立即就可以向西班牙返航，除他之外，

←船舱里的哥伦布

任何障碍也没有。

威胁迫在眉睫。哥伦布不得不请求马丁·阿隆索保护他。他告诉平松，他的旗舰船员在搞阴谋，快要暴动了。这位平塔号船长平静地说："先生，您绞死他们几个，或者扔几个到大海里去。如果您不敢，我和我的弟弟们把船靠过去，我们来干。船队是带着最高君主的命令离开西班牙的，没有好消息带回去是不行的。"哥伦布在大自然面前表现出来的勇敢精神，在人面前却没有了。他没有按照平松的话去做。这突出地表现了平松和哥伦布两人的气质和性格差异。哥伦布非常清楚，他的危险处境，不能像平松所想的那样被消除掉，他决定采取漫和的态度，去控制危险的发生。马丁·阿隆索的铁腕与哥伦布的丝绒手套刚柔并用，产生了奇迹：旗舰的船员们知道，虽然可以摆脱哥伦布，但平松也会把他们绞死，并带领其他人继续航行。此外，平松的坚定态度，也激励和鼓舞着他们。

10月6日，平松建议船队从向西改为向西南走。哥伦布感到自己的尊严受到了损害，他没有同意。在6月一整天及第二天大半天，哥伦布一直固执己见。到了上午，尼尼亚号的船员以为见到了陆地，于是便竖起一面旗子并鸣炮一响。但是，当船们发现自己搞错了以后，哥伦布回头想起了马丁·阿隆索的建议。自己是否驶过了岛屿，从而把它丢在了南面更远的地方了。苍天告诉他成群的鸟儿都在向西南飞，他于是想起葡萄牙人发现的大多数陆地，都是归巢的鸟儿指的路。他必须改变主意了。

10月7日晚，哥伦布下达了向西南方向行驶的命令。

10月9日，人们整夜都能听到鸟儿从头上掠过。

10月11日，平塔号船员从海中捞起一根甘蔗和一根树棍，还捞出一根似乎用力砍过的小木棒，陆上生长的青草和一块小木板，看到这些东西，全体船员舒了一口气，都高兴起来。

人们的情绪与从前大不相同了，人们都感到陆地已是这么近了，它跑不掉了。夜晚一片宁静，3条帆船继续航行，哥伦布爬上他的船楼瞭望着。但是，他信念中的陆地依然不见踪影。这块神秘的土地折磨他十几年，在最后的一分钟里，依然让哥伦布提心吊胆。

正在这时，一声炮响猛烈地震动着他的心灵。船首，人声嘈杂，抬眼望去，平塔号上已竖起一面旗子。半夜两点半，一位船员报告说，他从平塔号船首看到陆地了。

这一天，是公元1492年10月12日。

所有的帆都落下来，3条船全部落帆停航，只待天明。哥伦布用坚定的声音下达了命令，他已是海军上将了。

这位海军上将离现实只有两三个小时的路程了。在这胜利的时候，他感到有点奇怪，甚至难以相信。多年来面对怀疑主义的氛围，他心里一直绷紧着的弦，现在放松下来了。他那幻想的飞马现在应平静下来，应该沮丧一会儿，甚至应该怀疑一下自己。陆地！正是他曾经预言过的陆地！但是，真是陆地吗？

是的，正是陆地。当哥伦布重新坚定自己的信念时，他又跨上了他那长着翅膀的幻想飞马，再次飞向天空。

他就要成为这块土地的副王和总督了，他要羞死那些在葡萄牙和卡斯蒂利亚嘲弄和取笑他的人，要使迫害和贬低他的民族的人感到惭愧。他，一位热那亚纺织匠的儿子，将要统治着富庶的土地，他将官服加身，权倾一方……

黎明的帷幕又慢慢地拉开，曙光映照着美丽的沙滩，泡沫四溅的浪花轻轻地拍打着海岸。岸上长满了茂密的树木，郁郁葱葱，直入蓝天。这是主许给我们的地方吗？是希望之乡吗？周围的空气像凝固了一样，海员们露出肯定、奇怪和怀疑的神色，直愣愣地看着眼前的情景。大地一片沉寂，像是仍在熟睡。

　　船队慢慢地驶进小海湾，朝霞把水面映得如同一池流动的祖母绿，大地静悄悄的，如同多少世纪以来那样仍在做着晨梦。

　　这个不幸的早晨，使这块大地的和平时代永远结束了。船队驶抵了海岸，岸上沟沟坎坎，杂草丛生，树枝满地，受惊的鸟儿扑打着翅膀……这个岛屿就这样在早梦中开始屈服于这群入侵者了。一只鹦鹉叫了起来，一群敏捷的赤身露体的人飞跑到海滩，在这些奇怪的帆船面前惊呆了。

　　这个岛屿的美梦结束了，一个时代死亡了。

← 驶向新大陆

相关链接
XIANGGUAN LIANJIE

哥伦布趣事

航海家哥伦布在航海途中，伊斯帕尼奥拉岛人拒绝给船队提供食物。哥伦布就对岛上的土著人说：如不给他们食物，上帝就会发怒，以月亮变暗为证明。土著人不相信，但是随后不久，发生了月食，月亮越来越暗。岛上的居民非常害怕，求助于哥伦布。哥伦布故意出走片刻，然后走回来说：上帝已饶恕了你们，只要你们提供食物。土著人害怕，拿来了最丰盛的食物给他，又过了一会儿，果然月亮又重新变亮了。岛上居民看见哥伦布竟有如此的"法力"，吓得大惊失色，再也不敢不提供食物了。

哥伦布先生还有另一个故事，有次和王公贵族吃饭，哥伦布说你们谁能把个鸡蛋立在桌子上，于是有人从他手里拿过那个鸡蛋，摆弄了半天，鸡蛋总是歪倒。哥伦布拿过那个鸡蛋，往桌子上轻轻用力一碰，啪！那个鸡蛋就靠着磕平的底部"站住了"。哥伦布笑着说："我们的差别在于，我做了你不敢做的事。"

圣萨尔瓦多

哥伦布西行登陆的第一个岛屿，当地印第安人称为瓜纳哈尼岛，哥伦布命名为圣萨尔瓦多，亦称华特灵岛。是隶属巴哈马的小岛。在西印度群岛中巴哈马群岛东部大西洋边缘上。长21公里，宽8公里，面积155平方公里。人口约465万。地势低平，多沼泽和湖泊。气候温和。原名"瓜纳哈尼"是当地人的称呼。哥伦布1492年10月12日登上美洲的第一块陆地，但有些学者主张哥伦布首先登上的"瓜纳哈尼"岛实际上是圣萨尔瓦多岛东南105公里处的萨马纳岩礁，后改现名。18世纪沦为英国殖民地。经济以游览业为主。农业主产蔬菜、热带水果，饲养牲畜（绵羊、山羊）和捕鱼。港湾优良；岛上机场与拿骚有班机往来。美国在此设有导弹追踪站等设施。东北端有1887年建的导航灯塔。

圣萨尔瓦多岛上有许多纪念碑，废墟和海难遗址，反映了该岛丰富多彩的历史风貌。

荣耀和屈辱的背后

> 我自挥剑去，功过任人说。
>
> ——作者题记

哥伦布终于踏上了这块让他梦牵神绕的土地，他的事业由此达到了峰巅，他的梦想终于实现了。他以非凡的毅力证实了自己的预言，他让所有那些反对、蔑视和给他以种种屈辱的人自惭形秽。

随之而来的是荣耀，是俸禄和地位，是更大更远的梦想。

这一切既包含着他踌躇满志的内心感受，更包含着来自皇家给予他的尊严和奖赏。

在发现新大陆半年后的1493年3月15日，当哥伦布返回西班牙时，他赢得了他幻想和要求的一切，甚至还多。这对于一个平民百姓，一个外国人，一个到处流浪，一文不名的冒险家而言，他已经登天了。

1493年4月30日，在国王费尔南多和王后伊萨贝尔的热情邀请下，哥伦布率领着他的队伍，在无数居

民的夹道欢迎中来到国王当时的所在地巴塞罗那。国
王给予了他让所有宫廷官员大吃一惊的两个罕见的荣
誉：国王起身迎接他，并给他递过来一把座椅；根据
国王的命令，宫廷全部官员在当晚陪同哥伦布来到他
下榻的地方，国王甚至允许他骑马与自己并肩而行。
当时，这个特权只有皇家血统的人才有权享有。

　　1493年4月到9月，皇室发布了许多道命令，在
这段时间里，皇室倾其国力，为海军上将准备第二次
远征船队。5月20日，国王破例授权哥伦布在自己的
武器上镌刻只有皇家才有的城堡和狮子的标记。28日，
国王们承认圣菲协议书所认定的哥伦布的头衔、荣誉
和特权。同一天，哥伦布接到圣旨，任命他为前往印

←16世纪的里斯本港口

度群岛的第二支船队的总船长，并授权他可以任命自己所挑选的人统治印度群岛，同时，可以依照协议采取措施建立行政系统。总之，国王们在宫廷和公众面前迅速地树立起了一位具有财富、荣誉和权力的杰出人物。

就哥伦布的贡献而言，他的获得似乎并不为过。但国王的慷慨也另有原因：一方面，连年的战争，已使西班牙王室的财力遭受了极大的损耗。王室权力的巩固，战后重建等一系列问题都需要巨额财富的支撑。在这一点上，哥伦布投王室所好，即使在第一次远征没有发现任何具有商业价值的黄金和其他财富的情况下，他依然吹嘘他的新大陆黄金梦，这已经是一种毫无把握的梦幻了，但王室却相信了他的宣传。另一方面，对海外土地的渴望，是当时具有海外殖民能力的欧洲各国的共同梦想，并且有的国家已远远地走在西班牙之前，特别是葡萄牙，他们的海外发现已持续了将近一个世纪的时间。在非洲西海岸、在几内亚，葡萄牙的殖民堡垒越来越深入地楔入非洲大陆。作为邻国的西班牙，早已经眼红耳热，翘首以待了。

有一个至关重要的细节是，哥伦布在第一次返航途中，受风暴的迫使，不得不在里斯本做短暂的停留和休整。这期间，葡萄牙国王唐·胡安接见了他，并

给予了他与8年前无法比拟的热情接待。这次接见尽管时间短暂，但对哥伦布的影响却非常大。从表面上看，哥伦布在葡王面前滔滔不绝地炫耀，的确达到了让葡王追悔莫及的效果。但相反，这也加剧了葡萄牙和西班牙两国在海外殖民问题上的竞争局面。当哥伦布返回西班牙，正在为接受国王的召见做准备时，国王接到报告：葡王已决定派遣一支舰队驶往西印度群岛，而这正是西班牙国王所担心的。费尔南多为此一边利用外交手段和教皇的权威以获得合法的海外发现权，一面向葡王发出强烈的抗议，让他撤回准备派往"印度"的船队。葡王的船队确实没有按期出发，因为正如以前承认葡王有权占有西非，几内亚等地发现的

→ 美国的哥伦布雕像

土地一样，亚历杭德罗六世很快发布教皇训谕，也承认西班牙有权占有已发现的或将要发现的印度岛屿，并将这两个王国的发现界线限制在亚速尔群岛和佛得角群岛以西100西班牙海里的经线上。

葡王的暂时妥协并没有安全消除西班牙王室的担忧，因为两个国家冲突的结果，一方面是使大发现的影响和重要性提高了，使哥伦布成了无法取代的风云人物；另一方面，几乎肯定是由于不幸停泊葡萄牙的缘故，国王们开始对哥伦布心生疑窦，这种疑窦后来又因哥伦布的不谨慎而增强。事实上，这次意外的拜访使哥伦布接近了比风暴和印第安人在他的道路上设置的障碍更严重的危险。在此后的2次航行中，哥伦布的对手就曾多次向西班牙国王谗言：他这次去里斯本是有预谋的，他在偷偷为葡王效力。更有甚者，有人竟断言他在为热那亚卖命。

国王一方面需要哥伦布继续他的事业，以为自己赢得更大的财富和光荣；一方面又对哥伦布心怀疑虑。这构成哥伦布此后人生的主要背景。

任何事物都有与之相伴的反面，这也许是哥伦布，当然包括许多人常常忘记的。当哥伦布洋洋自得地以海军上将，以总督和副王的身份踏上美洲这块新大陆，并煞有介事地举行占领仪式的时候，当他在国王和王后面前侃侃而谈，并以他的奇思妙想深深地感染整个宫廷的时候，当他的金马刺与他的短剑相映生辉，并再次带领由 17 艘船只，1500 多人组成的船队驶向新世界的时候，他无论如何也想不到自己会就此跌进一场无休止的纷争、烦恼和继之而来的失望的泥淖之中。

一个简单的时间顺序是：哥伦布的第二次航行起止于 1493 年 9 月 24 日至 1496 年 6 月 11 日，第三次航行起止于 1498 年 5 月 30 日至 1540 年 10 月，第四次是 1502 年 5 月 9 日至 1504 年 11 月 7 日。这 3 次远征在时间上都是两年半左右，但规模却一次比一次小，挫折一次比一次大，收获也一次不如一次。

事也凑巧，后 3 次远征的间隔时间也是 2 年左右。

← 描绘哥伦布航海的图画

哥伦布于1506年6月20日去世，这时距第四次远征结束也正好是一年半。从中我们可以看出，在第二次远征失败后，哥伦布必须拿出几乎与远征相等的时间去解释上一次远征中出现的纠纷和问题，并在这期间为下一次远征做准备。除第二次远征外，哥伦布的每次远征都不是轻而易举，他都必须为此不断地付出煎熬和代价。这些阻挠和干扰，严重地阻碍了新大陆的开发，同时也导致了哥伦布的失败。这是人类创业史上明显不公正的范例，但事实的出现也必有其产生的原因。

哥伦布的每次出航，都怀抱着不尽的幻想和信心，但除了最为渺茫的第一次他实现了这一愿望之外，其余3次都是在幻想破灭和恼怒愤然的情绪中返回西班牙。因为这3次航行在发现的意义上并没有多少突破性的内容。事实上，哥伦布的全部人生意义在第一次远航中已全部结束，辉煌的顶点与终结往往是一回事。哥伦布也不例外。

如果我们对以下事实有所了解，可能会有助于对这一结论的理解。其实，命运就是各种条件的综合以及个人对这些条件的把握能力。

很明显，美洲的现实状况与大发现时期人们对异域的想象和要求大相径庭。原始美丽的新大陆只能为人类提供一块生息繁衍的土地，她所养育的只能是开创者、劳动者，而不可能是探险寻宝的冒险家和盗贼。她没有为那些思念黄金和香料的欧洲人提供信手拈来的财富和乐园，她把她的价值深藏地下，而且是必须以真诚和汗水才能获得的。今日繁荣的新大陆在500年前让对它急功近利的探险者深深地失望了。

但是，人们却把美洲的"贫瘠"归罪于哥伦布。哥伦布在大发现中的贡献和因此而获得的地位迅速地增加了人们对他的期望。在一定程度上，哥伦布也极其简单地迎合了人们（包括王室）的这一心理。事实上，哥伦布本人在大发现的初始动因上并不比同时代的其他人有什么高明之处，这种幼稚的想当然在当时形成了一种共同的心理要求。如此，问题就很简单了，是哥伦布和同时代的人们一起，将自己推向失败的深渊。

哥伦布不是一个学者，不是预言家，也不是

←美洲大陆上的第一次弥撒

将自身的行为放在人类社会及其发展的大前提上思考问题的领袖人物。在骨子里，他是一个敢于向未知挑战的冒险家；在个人倾向上，他是一个十足的商人。他的局限性显而易见；他可以战胜外在的难以想象的困难，但却无法在更高的层次上把握自己，这样，他的失败就是命中注定的了。

　　这个所谓的"印度"，事实上是欧洲人连想都没有想到的美洲，而不是什么西潘戈，更不是大汗。这是一块原始的土地，一座座尚待开发的荒岛，这里的居民还处在原始部落时期，生产力之低下以至于没有财产观念。这里没有铺地的黄金，没有马可·波罗所见的连绵不绝的大理石桥，没有辉煌的宫殿和无尽的财富。在哥伦布的4次航行中，他几乎从北至南走遍了巴哈马群岛，大小安的列斯群岛。他一直以为他已到达了亚洲的东海岸，因此，他急切地想找到一条通路，或是海峡，以便可以到达"大汗"的腹地。第三次航行中，他甚至已踏上南美洲委内瑞拉的土地，但他却固执己见，顽固地认为古巴才是印度大陆的边缘，而委内瑞拉仅是一个岛屿而已。就这样，他在最终可以占领这块真正的大陆的时刻，却与它擦肩而过。同样的一个遗憾是，早在第二次航行中，哥伦布曾驶过牙买加到达古巴岛西岸150海里的水域，如果他的决心再起一二天的作用，他就可以触到尤卡坦海岸，从而在长期批评他的人面前打开阿兹将克帝国的壮丽画卷。但是，命运——留给其他人来完成这一业绩的运气，此时却使哥伦布鬼使神差地返航了。

如此，哥伦布费尽千辛万苦，长达十余年的努力，只不过使他在岛屿和岛屿之间转来转去，他的东方帝国梦破灭了，他的黄金梦也随之烟消云散。

荒凉的岛屿与贪婪的心相遇，定然生出贫困和纷争，从第二次远征开始，这种状况就在"印度群岛"蔓延，并几度激化，这促成哥伦布远征的又一灾难。

最早的一次饥荒出现在1494年夏季，也就是哥伦布从古巴西海岸返回他们在海地的伊萨贝尔城时。由于该岛气候炎热潮湿，从西班牙带来的所有食物都腐

←代表南美文明的玛雅文明

烂了。食品药物无以为继。伊萨贝尔城笼罩在一片饥饿和沮丧的气氛中，与其说它是征服者的一座城市，不如说它是一所医院。然而，更大规模的饥饿发生在1496年到1498年哥伦布第二次返回西班牙期间。这时，由哥伦布的弟弟——先行官巴托洛梅·哥伦布负责"印度群岛"事务，这次饥荒严重到移民们不得不吃蜥蜴和蛇的地步，有300多名基督徒在饥饿和病痛中丧生。

导致饥饿的原因部分是因为哥伦布兄弟未能全力以赴地把移民的精力引导到农业生产上去。就大发现而言，哥伦布不是一个拓荒者。他属于那种开创、开辟和播种式的人物，而不是发展、促进和收获式的人物；他是一个无休止的发现者，在印度群岛的数年间，除非迫不得已被风暴或缺少船只所困，他很少能在一个岛屿待上几个月的时间。在他的意识深处，从来就没有想到开发这些土地，即使耕作，也仅限于发号施令，并仅仅是为了解除饥饿。但不幸的是，由于缺乏正确的认识和严格的督导，这项命令并没有产生效力，更不会有任何效果。他被他的东方梦迷住了，他坚信东方就在眼前。他是一个彻头彻尾的到处寻找自己灵魂（土地）的人，而一旦发现土地，土地对他又毫无吸引力。这种远离现实的梦幻般思想尽管常常可以将人带进一片新天地，但却无法为人们建设一处安居乐业的美好家园。

从西班牙来的那些人走向了另一个更危险的误区，他们心中只想着金子、房屋和领地，而不是劳动。他们觉得生存条件天经地义是国王的事，是哥伦布这位副王和总督的事，而一旦这些条件得不到满足，他们首先怨恨的是统帅，而不是自己的懒惰。在早期移民中出现的这个弱点，无疑应归咎于在西班牙选人不当，由此形成难以制止的恶性循环：人们生病，是因为饥饿；饥饿，是因为无人耕种；无人耕种，是因为人们生病。

饥饿和难以避免的热带疾病，以及直到当时还仅限于美洲大陆的梅毒，极大地挫伤了远征队伍的士气，

← 南美土著印第安人

不满情绪越来越浓，对抗分子越来越多，严厉的惩罚也越来越明显地激化了当时的形势。

哥伦布与王后的代表布伊尔神父的分歧就发生在危机最为深刻的时候。这位修士指责哥伦布分配食物太少，缺乏适合病人的营养品，对下属的惩罚过于严酷。他认为哥伦布太粗暴了，以至于哥伦布每做出一项处理决定，他都必然反对。后来，这位修士干脆一言不发，停止了自己的神职，而哥伦布也下令停止他的食物供应。布伊尔神父在回到西班牙时，把他对哥伦布的怨恨化作虔诚的汇报。他达到了目的，因为他的努力加快了哥伦布失败的步伐。

哥伦布与他的助手和海员的关系始终处于紧张状态。第一次航行中，他与平松兄弟之间就多有误会。自第二次远航起，他身不由己地将这一问题逐步扩大化，并导致反叛和起义的接连发生。

哥伦布对这些人缺乏信任，远征队中的一些人无疑是自私的，有野心且难以自律。这些人成长于严酷的环境中，在他们的血液中留下了几个世纪以来相互交织在一起的世俗战争和宗教战争的因素。他们习惯于自行其是，对冒险如饥似渴；他们反对所有权威，又能接受任何约束；他们相信上帝和天上一切神圣的东西，但前提是不要把教会的说教作为他们的行为准

则；不论犯下怎样的戒律，总认为自己的行为无可指责，并且敢作敢当。

这些人是当时西班牙社会中的浪花。西班牙的君主们虽然很强大，但此时还未能创立一个足够有力的国家体制疏导这些浪花，以使他们为世俗的或政治的目的服务。他们深受旧文化、罗马法权思想和基督血液的浸润，其严重程度以致使自己茫然不觉。但是，这些人在面临新的生活画面所做出的最强烈的反应，使他们首先成为冒险的追逐者，而不是献身于哥伦布的理想的勇士。

哥伦布很难成为他们中的一份了，他是远离现实的另一类人。他耽于梦幻，狂热地迷恋海上生活，喜欢在运动中驰骋自己的想象。壮阔的场面，变换的形势，行云流水的酣畅，自由支配的八面来风，所有这些大海中奇妙不定的景象，比陆地上那种僵硬、沉默的气氛和程式化的问题更适合他的灵魂。

但在现实和纷争面前，他却常常手足无措。于是严厉的惩罚和毫无原则的妥协这两个极端，又成为他常走的老路。起初，当他带着一身的荣誉重返西印度群岛时，他不再有首次航行时的忍耐和温和。面对饥饿、懒惰和不满，他开始了严厉的惩罚，直到处死。但是，当反抗成为一种普遍的情绪，乃至自己陷入四

面楚歌的境地时，他又会走向毫无原则的妥协中。

罗尔丹的起义或说是背叛，就很能说明问题。

罗尔丹是伊萨贝尔城的警察司令，他趁哥伦布第二次返回西班牙之机，利用人们的不满情绪，掀起了一场大规模的反叛活动。虽然罗尔丹可能有个人威信和野心，但仅凭自己的力量，他是不可能与哥伦布兄弟进行长时间对抗的。事实是，在殖民地的要人中间，罗尔丹不乏同情者，这足以证明，哥伦布兄弟在新大陆的统治是多么的不牢固。起初，巴托洛梅试图和罗尔丹达成协议，并以分配奴隶相诱惑，此招不仅毫无效果，相反罗尔丹的同伙却在继续增加。

哥伦布于1498年8月31日一回到新大陆，便着手处理这一棘手问题，他采取了比巴托洛梅更为调和的态度。10月25日，哥伦布给罗尔丹写了一封客气得几乎是殷勤的信，并允诺如果起义者放弃反叛主张，他将实行大赦，不追究任何责任。但罗尔丹一伙却得寸进尺，毫无诚意。11月7日，罗尔丹拟定了一份协议书，其关键一点是，在50天内，让起义者带上自己的奴隶和印第安妻子返回西班牙，并且要求哥伦布必须在10日内签字。哥伦布在第四天就签了字。巴托洛梅为此造了3条船，并把其中的两条给了起义者。他们急切地希望起义者离开，但罗尔丹一伙却背信弃义，决定不走了，并把协议失败的责任推给了哥伦布。海军上将强压怒火，表示接受他们的狡辩，并继续任命他为大市长，同时把这次起义说成仅仅是对巴托洛梅个人的非难，而且既往不咎。

这次事件以及在此前后不断发生的印第安人的起义，使得哥伦布意志消沉，他因罗尔丹的骄横和自己的屈服痛悔不已。但他又无力扭转乾坤。毕竟，在最困难的时刻，支持哥伦布兄弟的人只有70余名，他已身陷众叛亲离的窘境，不妥协又有什么办法。

就另一方面而言，他的这一被动境地部分是自己

← 美国印有哥伦布头像的银币

一手造成的。有一件事能够说明在哥伦布遭到群起而攻之前，他已经为这一窘境的出现做了"铺垫"。一个杰出的人有时也会表现出明显的小市民气，这无疑是他赢得成功的绊脚石。

早在第一次远征之时，国王就宣布——第一个发现新大陆的人将受领每年1万马拉维迪的赏钱，这一荣誉本应属于一位普通的海员，可惜，哥伦布却将它占为己有。对于他这位走红运的海军上将来说，截取这份不义之财不大值得。这里，他也许还没有意识到他的地位所应有的尊严，而把自己放在了一个普通水手的位置上。那位幻想破灭的海员后来去了摩洛哥，背叛了基督信仰。很明显，如同我们几乎所有人的信仰一样，那位海员的信仰需要别人供给力量。但是，连自己的长官都可以任意地践踏诺言，霸占名誉，怎么能指望一个普通人去战胜失望的打击呢？

海军上将争到了赏赐，但这个不高尚的行动，却使他付出了大大超过1万马拉维迪年金的代价。哥伦布受到手下人的冷淡、反对甚至背叛，有很大一部分原因是他这种不尊重他人的行为。

当然，我们不能就此断定哥伦布不善于智谋和笼络人心。在这一方面，他做得比巴托洛梅和迭戈都要好。但前提是不能与自身的利益发生冲突。他是一个自

身利益的极端捍卫者，他惧怕损失，因为这代表荣誉。

哥伦布对自身利益的维护还表现在他的人事任命上。哥伦布第二次远征时，带上了他的二弟弟——唐·迭戈，其间，他的大弟弟唐·巴托洛梅也来到西印度群岛。由于哥伦布时刻惦记着去发现大陆，因此，他新建的城堡——伊萨贝尔城就需要一位替代他职位的人。在他的周围，能胜任此项托付的不乏其人，自认为能胜任者肯定更多。但哥伦布任命了他的那位年仅25岁，没有个性的弟弟唐·迭戈。他自知弟弟的能力有限，便给他安排了一些替他出谋划策和辅佐他管理的人。可惜，唐·迭戈不是一位德高望重和知人善用的"君主"，这为日后埋下了骚乱的种子。

1494年3月，33岁、游荡半生的唐·巴托洛梅来到伊萨贝尔城。此时哥伦布重病在身，精神陷入几近崩溃的境地。伊萨贝尔城死气沉沉，饥饿像瘟疫到处蔓延，哥伦布已不能时刻关注该岛的治理工作了，但他还能做出一些重要的决定，由此他犯下了

←返航的哥伦布晋见西班牙国王

一个严重的错误。他把唐·巴托洛梅当作最合适的继任者，任命他为先行官，这是一个明显的错误，因为这个头衔虽然实际上不过是代行总督和总司令之职，但却具有荣誉和特权的大光环。作出这个任命，使副王和移民地之间的意见分歧更大了，移民们的厌恶感愈来愈走向极端，不仅反对副王本人也一概反对哥伦布兄弟。而且，当国王得知这一任命后，也不无理由地认为这是侵犯皇家权威的不能容忍的行为，因为这一职务是哥伦布无权任命的。

移民地的矛盾越来越突出，并日趋表面化。国王派来使者，部分地取代了哥伦布的一些职务，这表明哥伦布已明显地引起了宫廷的不满。他的威信在急剧下降，不得已，哥伦布准备亲自回西班牙，以向国王当面解释这里发生的一切。

为了安全，他让人在该岛选择了几个地方建立了堡垒，派上卫兵驻扎。他任命巴托洛梅在他离去期间任总督和总司令，任命选戈做巴托洛梅的助手。这种反复的以自我为中心的策略，不可避免地使与他合作过的船长、修士和将领们疏远他，不信服他，更为甚者，他把负责伊萨贝尔城和全岛司法权的最高市长一职，交给了自己的一位没有文化但很精细的随从。正是这位随从——弗朗西斯科·罗尔丹，趁哥伦布不在之机，掀起了那场旷日持久的让哥伦布深感耻辱的反叛。

　　一系列错误的任命，导致持续的抵触情绪，这种情绪充满了移民们饥饿的肚皮，矛盾、纷争接踵而来。为了控制局势，哥伦布兄弟采取了极其严厉的措施。在这一点上，巴托洛梅走得更远，他的无情的性格特点，既是那个无情的时代的反映，更显露了他多年"闯荡江湖"所养成的个性。对那些来自西班牙的大量囚犯，那些很快拥有许多印第安人和大量土地，但明显缺乏行使相应权力的必要气质的亡命之徒，巴托洛梅采取了极其恐怖的手段。

　　当哥伦布的继任者弗朗西斯科·德·博巴迪利亚于1500年8月来到西印度的圣多明各城时，他所见到

←哥伦布远航中船只复原图

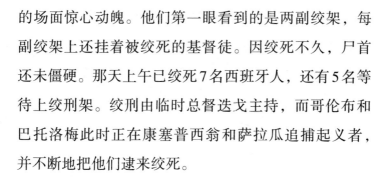

的场面惊心动魄。他们第一眼看到的是两副绞架，每副绞架上还挂着被绞死的基督徒。因绞死不久，尸首还未僵硬。那天上午已绞死7名西班牙人，还有5名等待上绞刑架。绞刑由临时总督选戈主持，而哥伦布和巴托洛梅此时正在康塞普西翁和萨拉瓜追捕起义者，并不断地把他们逮来绞死。

　　我们很难认定哥伦布兄弟的严酷是否必要，因为一方面处死的对象都是秩序的破坏者；另一方面，一味地妥协和忍让并不有助于局势的改善。但结果是以那个时代惯用的严厉也并未给哥伦布带来威望和胜利。相反，却使他步入困境。

　　哥伦布在新大陆面临的另一个棘手的问题就是与印第安人的关系。应该说，哥伦布是怀着良好愿望和不带任何偏见来开展他的工作的。但是，正如那个时代所表现出的，他缺乏通盘考虑和相应的全局观念。他的局限性首先归咎时代，归咎于事业的新奇和艰难。

　　他本想采取友好措施，以顺利地开展他的事业。但是事实很快证明此路不通。文化间的抵触加之不可遏制的贪欲，是无法达成交流和友谊的。由于在首航中旗舰搁浅，平塔号一时失踪，不得已他在刚发现的岛屿上留下了40人，并为此建立了第一座城堡——圣诞节城。在毫无把握的情况下试图在两个世界之间架

起一座心理桥梁，这足以看出哥伦布一厢情愿的单纯。当他第二次回到该岛时，发现这座新大陆最早的圣诞节城早已灰飞烟灭，40名兄弟无一生存。在严酷的实现面前，他认识到通过"友好"的渠道是不可能现实愿望的。于是，他决定使用武力，征服土著人，并且使他们以为效力。但这时，他又遇到了另一个意想不到的难题：土著人拒绝劳动。这是欧洲人第一次遇到这种麻烦，并从此时起一直影响着他的殖民事业。

土著人很少或根本不劳动，很少或根本没有需要，这里的太阳另有他用。这使哥伦布无奈而沮丧。强迫土著人纳贡是哥伦布借用欧洲传统的另一做法。收税几乎是天方夜谭。为此，哥伦布毫不犹豫地实施了一个在几个世纪的时间中给欧洲人带来无尽财富和几乎是同等的罪恶的办法——奴隶制。

当时的伦理标准认为，从非基督徒敌人那里抓来的俘虏，就是奴隶。这与数千年前奴隶制社会时期的观点极其相似。为此，哥伦布与他的兄弟们进行了一系列征伐，哥伦布从西班牙带来的步

←哥伦布航海

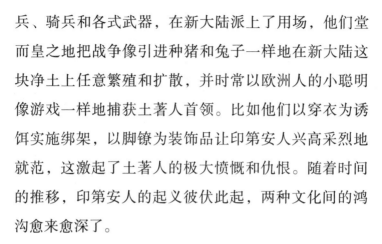

兵、骑兵和各式武器，在新大陆派上了用场，他们堂而皇之地把战争像引进种猪和兔子一样地在新大陆这块净土上任意繁殖和扩散，并时常以欧洲人的小聪明像游戏一样地捕获土著人首领。比如他们以穿衣为诱饵实施绑架，以脚镣为装饰品让印第安人兴高采烈地就范，这激起了土著人的极大愤慨和仇恨。随着时间的推移，印第安人的起义彼伏此起，两种文化间的鸿沟愈来愈深了。

人的愚蠢就在于总认为自己比别人聪明。欧洲人在土著人面前惯常以文明人自居，这种自高自大的错误认识在哥伦布身上也有明显的表现，这是他遭到意想不到的失败的重要原因之一。欧洲人常认为土著人在不懂的东西面前所表现出来的憨厚和无知，必然就是胆怯和懦弱。但是，他们是太小瞧这些赤手空拳者的战斗精神了。事实上，在哥伦布实施大规模征伐印第安人的同时三三两两的欧洲人常常会突然死于无名的弓箭和棍棒之下。

哥伦布的殖民思想与人类文明是背道而驰的，他的这一缺陷不仅动摇了他此后的地位，也在西班牙宫廷中给他带来恶劣的影响。哥伦布的历代评论家，也无一例外地对他这一行径给予了毫不留情的指责。哥伦布是一个十足的基督徒，并时时把传授福音作为其人生的一大事业。但在利益面前，他却将基督精神置于脑后。在印第安人这块肥肉面前，他只看到了利益的闪光，他把印第安人当作了肉体黄金，而忘却了正义、使命和道德，在这一点上，哥伦布又成了一个彻头彻尾的反基督主义者。

就本性而言，哥伦布的这一行为与其强烈的占有欲、统治欲、对财富的极端渴望是一脉相承的。他从来就不是一位仁人君子，他以冒险和获取作为人生的全部目标。如此看来，他表现出的强烈的殖民思想就是顺理成章的事了。

哥伦布及其兄弟在新大陆的所作所为，引起了国王和宫廷的极大关注和不满，一些必然的结果就这样

←位于美国哥伦比亚特区的白宫

时紧时慢地到来了。早在接到圣诞节城的不幸消息时，人们就明白了哥伦布建这个堡垒并不是像他说的是为了"根据地"的需要，而是因为把旗舰丢了，没有办法把人全部运回西班牙所采取的下策。在此后的时间里，国王们不断地自问这项事业是否划得来，辉煌的征服是后一个王朝的事业，而此时国王们不能不考虑大发现究间为王国带来了什么？是一幕悲惨的过去，一个令人压抑扬顿挫的现实，一个不安的未来？前去发现黄金的骑士和绅士们可怜巴巴、忍饥挨饿地要求付给人们薪水，西班牙枯竭的国库要承担诸如牲畜、船只、薪水、移居者家庭的补助金等各项费用。但作为补偿。哥伦布贡献了什么？仅仅是印第安人奴隶！

当时，国王们面临一个全新的和复杂的形势，他们好像生活在错综复杂的问题的激流里。人事的、政治的、道义和经济的问题，都要他们迅速处理。首先是哥伦布的性格，他的专横霸道，他的不得人心，使他与大多数下属关系破裂的个性，使他变得傲慢和恶魔似的严厉，使他当不了自己发现的世界的组织者的不可言状的急躁……但是，除了人事问题之外，还有一种不仅他们当时看不出，后人也一时不易看出它的全部意义的全新的问题摆在他们的面前：他们的各个王国刚从无政府状态下摆脱出来，还未开始成型，还未来得及组织国家系统。突然间，一个帝国又放在他们的手上。一夜之间，这两位一身正气，满怀友心的统治者——费尔南多和伊萨贝尔，却遇到了就是在今天也令现代国家茫然不知所措的所有问题：大发现，统治权；殖民、宗教等人类学问题；航海、宇宙志等科学问题；经济调整、人事安排……所有这些，汇成了一条事务的急流；所有这些，被个人斗争搅得混乱不堪；所有这些，被他们的海军上将的没有节制的想象变成了一团云雾。

需要强调的是，国王们尽管需要财富，但他们并没有把远征与掠夺财富等同视之，他们的眼光更远。在国王的指示中，有很大一部分是关于意识形态的灌输和社会经济政治制度的建立的内容，如拯救和教化印第安人，设立理财政统计制度，制定宪法和政治法规等。国王们甚至建议派农民和精通水渠建设的人去发展农业，建议骑兵带

←哥伦布雕像

上母马、备上各种小麦种子、葡萄藤和甘蔗，在这里，欧洲侵略的两根线条——精神的和经济的，已经清楚地画好了。这对于把一个刚向欧洲侵略者敞开大门的未开垦的大陆引向初步组织化的轨道，不能不说是一种慎重的和具有远见的政治企图。

在这一点上，哥伦布的视野较君主们狭窄得多，他着魔似的想着金子，并始终认为只有贡献出金子才是对王国的忠诚。在这个问题上他错估了费尔南多和伊萨贝尔，有许多材料证明，尽管国王们非常高兴看到金子源源而来，以解决王宫的财政困难，以控制财富不致落入他人之手，但他们不仅仅注重物质成果，对于他们来说，在西印度群岛，事业中感到最大欣慰和愉快的事情，是为王室获得了领土这个光荣。但是，被金子缠住的哥伦布，却坚信金子是使国王们感到高兴和借以评价大发现的唯一东西。

具有强烈领土观念的国王们把印第安人当作事实上的臣民来看待，可哥伦布野蛮的奴隶制行径，深深地刺痛了国王们的心。有关杀戮和掠获印第安人的消息不断由哥伦布的政敌传到国王的耳朵里，经过长时间航行，由新大陆不断运抵西班牙的，走出令人窒息的船舱的面黄肌瘦、痛苦不堪的印第安人形象，让一生征战的国王感到心酸。这种非人道的行为有时还表

现为那些趾高气扬的移民下船时，每人都带着一大队奴隶、印第安孕妇或怀抱混血儿的印第安妇女，他们个个面色苍白，目光呆滞，场面十分悲惨。

奴隶问题是国王对哥伦布具有成见的若干问题之一，但这一问题并没有得到解决。尽管王后遗言中曾真诚地希望国王"不要允许和容忍那些生活在已发现的和将要发现的群岛和大陆的印第安居民遭受任何人格和财产凌辱，相反，我希望他们受到很好的和公正的对待"。但奴隶问题却随着海外殖民的扩张而成为近代以来几乎遍及全球的现象。几乎所有的黑人和印第安人沦落为奴，这是与人类文明同时生长的罪恶，它与大发现相伴，为大发现写下不光彩的一页。

在哥伦布的颓势愈发明显的时候，有人开始谣传和报告哥伦布不忠，说他准备把西印度的某个岛屿送给某个国家。这一谣传的起因肯定是源自首次返航不

南美洲的自然风光

得不停靠里斯本的事实，但他却被政敌们所利用并歪曲了。实际上，哥伦布并没有一丝反叛之心，他不过是高傲得时常把自己当作新大陆的准君主而已，这是一种性格而非企图。

　　他在第二次远航时带了一队侍卫，这显然冒犯了皇家的特权，国王们由此开始"察觉"到哥伦布具有动摇皇家权威的倾向。作为一个被授予这么多特权和权力的外国人具有这种倾向，必然使国王感到这是个不祥和危险的征兆。西班牙的国王们不是粗俗的统治者，他们是改变半岛形势的人物，是他们把无数的独立国王、公爵、伯爵领地、主教领地和摩尔人王国合并成了整个基督教世界最强大的王国。已经驯服过许多野心家的国王们，开始担心哥伦布是否想进一步组织自己的人马，慢慢地与皇家疏远，直到有一天砍断与西班牙政权之间的锚链。从那时起，国王们就开始慎重地注视着哥伦布的特权。

　　为了对哥伦布的某些行为作出限制，也为了使这次航行更有利于皇宫，国王们指示，所有参加远征的人都要"向我主国王和王后起誓，在这次旅途中忠于他们，无论在何时何地，都要言行如一，听从告诫，都要作为陛下的忠实可靠的仆从和臣民为陛下和他的财库效力"。同时规定，海军上将、副王和总督所签署的一切命令和证书，都要签上唐·费尔南多国王和唐娜·伊萨贝尔王后的名字，然后再签上作为副王的唐·克里斯托瓦尔·哥伦布的名字，而且书记员也要在上面签上自己的名字，文件的背面还需加盖陛下的印章。

这一系列防范措施起初还是针对哥伦布的忠诚，而后来则是针对他的能力了。对于哥伦布的发现，国王们一直向他表示口头上的荣誉和财富上的谢意，但有一件事，而且最终只有一件事，却使国王们一步步对他失去信任并感到不安，这就是：哥伦布作为副王来统治他所发现的土地的能力问题。

自从作出在圣诞节城留下40人的灾难决定起，事情就开始变糟了，并随着在第二次远航期间布伊尔修

← 为纪念哥伦布而改名的美国哥伦比亚大学

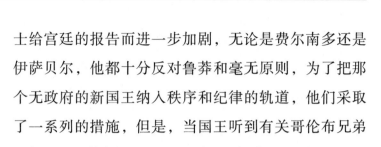

士给宫廷的报告而进一步加剧，无论是费尔南多还是伊萨贝尔，他都十分反对鲁莽和毫无原则，为了把那个无政府的新国王纳入秩序和纪律的轨道，他们采取了一系列的措施，但是，当国王听到有关哥伦布兄弟的行为后，他们不得不怀疑副王的轻率和严酷了。

于是，1495年10月，国王派王后的心腹胡安·阿瓜多前往伊萨贝尔城，他的到来既是为了接替哥伦布的职务，也是为了调查哥伦布以及西印度的情况，尽管哥伦布为此感到极端的羞辱，并为是否承认阿瓜多的任命而与阿瓜多争论了5个月的时间，但最后他还是不得不亲自返回西班牙，陈述己见。

这一次哥伦布真的胜利了。国王们表示继续信任他，1498年7月，哥伦布第三次来到新大陆。

从1498年底到1500年夏，国王们随着海军上将的批评者不断施加的压力，并开始担心哥伦布是否有能力继续掌握武装力量。经过长时间的深思熟虑和希望好消息到来的等待，国王最终不情愿地下定决心，派王室的老仆从、骑士弗朗西斯科·德·博巴迪利亚前往新大陆，接替哥伦布及其兄弟的统治权。

1500年8月，博巴迪得亚来到伊萨贝尔城，向哥伦布宣布了皇室的命令。由于迭戈的极端抵制和哥伦布特有的固执和不服从，博巴迪利亚采取断然措施：

他命令将迭戈和克里斯托瓦尔抓了起来，并给他们戴上了脚镣。此后又将从外地召回的巴托洛梅关进了牢房，并同样戴上了镣铐。

　　对于这3位哥伦布兄弟来说，此时是他们一生中最耻辱的时刻。他们是来效力的，并且已经做出了前所未有的贡献。哥伦布花了8年时间让国王相信他，又用了8年时间来从事那些最伟大的事业，而现在，他却身陷囹圄。时间在一天天地过去，在漫长的返航途中，哥伦布陷入了连续失眠的状态。他无法理解，他是新大陆的发现者，却被人从那块属于自己的土地上赶走了；他打开了大西洋的锁链，可现在他却戴着锁链穿越这片大洋。他的高傲的性格和深深的痛苦，使他不接受任何宽待，他拒绝取下脚镣，那些脚镣是

←哥伦布的棺木

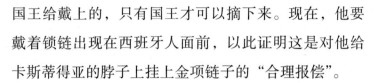

国王给戴上的，只有国王才可以摘下来。现在，他要戴着锁链出现在西班牙人面前，以此证明这是对他给卡斯蒂得亚的脖子上挂上金项链子的"合理报偿"。

尽管国王们在得知哥伦布兄弟被抓起来时龙颜大怒，下令当即释放了哥伦布，并为他恢复了名誉和特权：哥伦布成了西印度群岛世袭的终身副王和大总督，但却未准许他回去统治这一片土地。哥伦布认识到，他的事业和人生结束了。

哥伦布的第四次航行在本质上是一种挣扎，是对十余年远航历程的回顾和留恋。其时海外发现在西欧、南欧各国竞争愈趋激烈。他以寻找通往东方的海峡为名，征得了国王的允许，组建了一支与首航相似规模的船队，带着巴托洛梅和他的年仅13岁的二儿子费尔南多上路了。这一天是1502年5月9日，地点是加的斯。

这次出航一无所获，由于船只出了故障和博巴迪利亚的继任者奥多万的见死不救，哥伦布在牙买加困守了整整一年的时间。这期间，哥伦布再次承受了饥饿，痛风病和反叛的反复折磨，在几近崩溃的情况下，于1504年9月12日返回西班牙。这个日子距他第一次看到新世界12年整差1个月。

永恒的风帆

风帆起处云飞过，常驻心间是精神。

——作者题记

1504年11月7日，在瓜达尔基维尔河口圣卢卡德巴拉梅达港，哥伦布下船了。从此，他告别了与他相伴终生的大海。

从这时起直到去世，哥伦布几乎一直卧床不起。严重的痛风病导致下肢瘫痪，他的最后岁月，是在心理、生理的双重熬煎中度过的。

但他没有放弃他的初衷和他的权利，他时刻关注着"大洋海"那边的形势，坚韧不拔地为恢复他在那片岛屿的地位而抗争。因为不能回避的是：他终归是那一片帝国的缔造者，而此时他却要靠借债度日。

哥伦布按合同是印度群岛的海军上将、副王和大总督，他的继承人按合同是海军上将，但仅在特权上是副王和总督。怀着典型的犹太人的契约观念，哥伦布和他的继承人坚持要国王履行诺言，而费尔南多国王则明确表示皇家拒绝为一个外籍家族在那么远的地方设立那么大的一块封地，希望哥伦布不要与国家的最高利益对立起来。国王试探着哥伦布，等待他自愿放弃那些特权，以便在西班牙得到一块封地——伯爵星座封地。但是，哥伦布毫不动摇，气愤地拒绝了这个建议：他认为他应该占有西印度群岛，除了西印度群岛还是西印度群岛。

哥伦布去世后13天，国王给奥多万签发了一封信，令他把已故海军上将的金子和其他财产交给他的儿子、海军上将头衔的继承者唐·迭戈·哥伦布，这表明，国王承认了哥伦布的部分权利，但却限制了相应的特权。

1506年5月19日，哥伦布似乎听到了另一个世界的召唤。他当着公证人的面，宣读了他的遗嘱。这时，他想到了二儿子唐·费尔南多的母亲贝亚特里斯·恩里克斯，他嘱咐他的大儿子唐·迭戈要供养他："让她能够体面地生活下去，她是我很对不住的人。"哥伦布接着说："这样做可以解脱我的良心，因为这件事给我心灵带来了很大压力。"

1506年5月20日，星期四，唐·克里斯托瓦尔·哥伦布离开了这个世界，开始了他的最后一次航行，一次没有回程的航行。

　　哥伦布走了，但他跌宕起伏、色彩斑斓的人生画卷，却引起了人们几个世界的思索和争议。他的贡献和他鲜明的个性像陈酿的老酒，随着时间的推移，越发醇厚且回味无穷。1992年，全世界隆重地举行各种仪式，庆祝500年前东西两半球汇合这一历史重大事件，哥伦布的名字再次引起人们的兴趣和关注。面对今日美洲大陆的繁荣，各民族的融汇和共同发展，人们还会像当初那样责怪哥伦布吗？

　　大陆与大陆的联系，一个地方被另一个地方发现，一群人被另一群人找到。人们从崇拜不可知的东西，开始转向发现可知的东西，人们发现新世界，不仅包括美洲，还包括美洲发现后反映在人类意识中的世界。所有这一切，都在这一特定的历史重要时刻孕育和苏醒，并在此后的岁月中发展和成长。而哥伦布，不正是将人类的航船导引到崭新彼岸的高扬的风帆吗！

←哥伦布广场